# Tables des matières



 © Chalkboard Publishing 

# Les différences de 0 à 5

Compte les blocs, puis fais un X sur celui ou ceux que tu dois soustraire.

| | |
|---|---|
| 4 – 1 = 3 | 4 – 3 = ____ |
| 3 – 2 = ____ | 5 – 3 = ____ |
| 5 – 1 = ____ | 3 – 1 = ____ |
| 5 – 2 = ____ | 4 – 2 = ____ |
| 5 – 4 = ____ | 1 – 1 = ____ |


© Chalkboard Publishing

# Les différences de 0 à 5 (suite)

Dessine des cercles, puis fais un X sur celui ou ceux que tu dois soustraire.

| | |
|---|---|
|  4 – 2 = 2 | 5 – 3 = _____ |
| 3 – 1 = _____ | 4 – 3 = _____ |
| 5 – 1 = _____ | 3 – 2 = _____ |
| 4 – 1 = _____ | 5 – 2 = _____ |
| 1 – 1 = _____ | 5 – 4 = _____ |

© Chalkboard Publishing

# Les différences de 0 à 5 (suite)

Soustrais, puis colorie les dessins de la bonne couleur en utilisant la légende.

**Légende de couleurs**
0 - rouge
1 - bleu
2 - vert
3 - orange
4 - mauve
5 - jaune

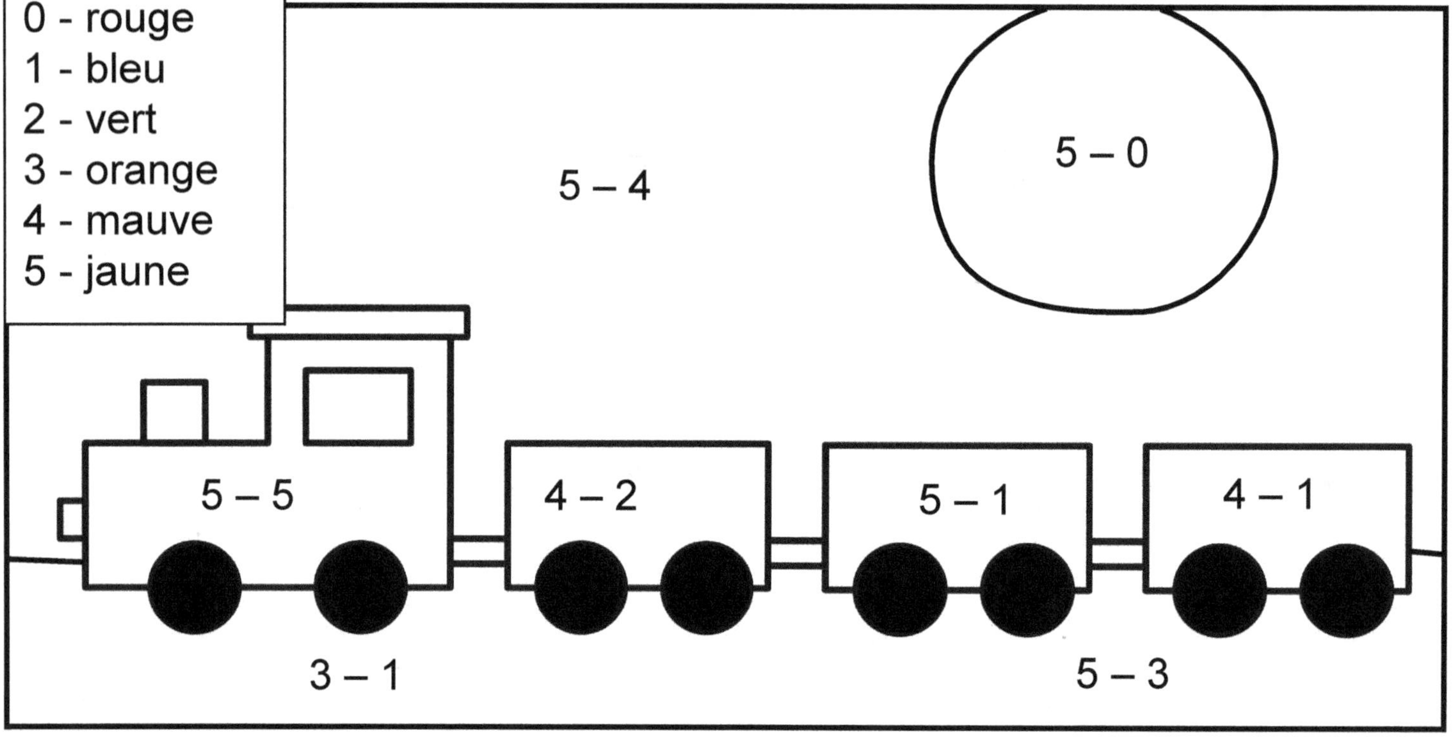


Soustrais.

| | | |
|---|---|---|
| 3 – 3 = ______ | 2 – 1 = ______ | 5 – 4 = ______ |
| 2 – 0 = ______ | 2 – 2 = ______ | 4 – 3 = ______ |
| 3 – 2 = ______ | 1 – 1 = ______ | 4 – 2 = ______ |
| 5 – 2 = ______ | 1 – 0 = ______ | 4 – 4 = ______ |
| 4 – 0 = ______ | 3 – 0 = ______ | 5 – 1 = ______ |


© Chalkboard Publishing

# Les soustractions de 0 à 5

Soustrais.

| | | | | |
|---|---|---|---|---|
| 4 – 2 = ____ | 3 – 2 = ____ | 3 – 1 = ____ | 4 – 3 = ____ | 2 – 2 = ____ |
| 5 – 2 = ____ | 5 – 0 = ____ | 1 – 1 = ____ | 2 – 0 = ____ | 5 – 3 = ____ |
| 5 – 1 = ____ | 4 – 0 = ____ | 4 – 4 = ____ | 2 – 1 = ____ | 4 – 3 = ____ |
| 5 – 4 = ____ | 4 – 1 = ____ | 1 – 0 = ____ | 3 – 3 = ____ | 5 – 5 = ____ |

## Gymnastique mentale

5 – 2 – 1 =

4 – 3 – 0 =

# Exerce-toi à soustraire!

Écris la phrase mathématique.

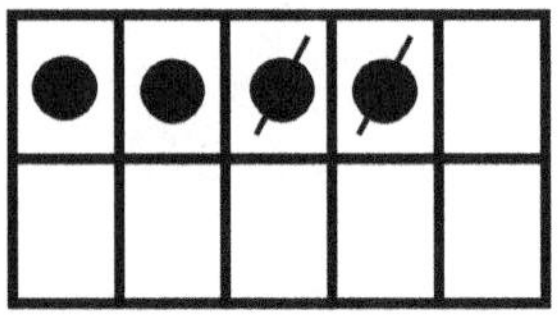

4 – 2 = 2

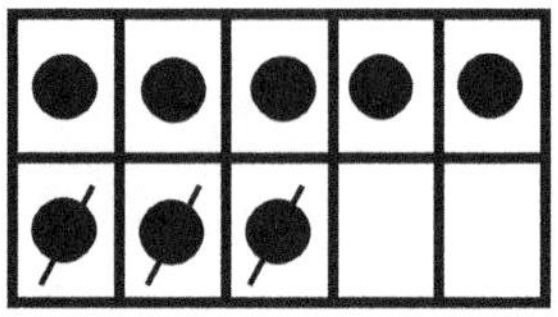

_____ – _____ = _____

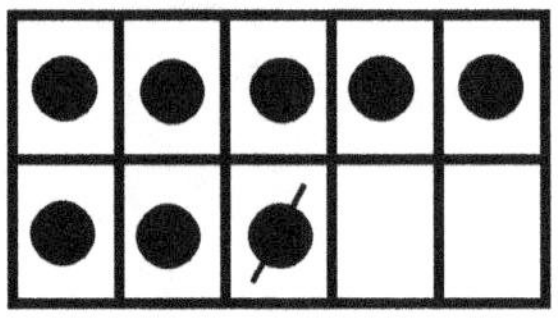

_____ – _____ = _____

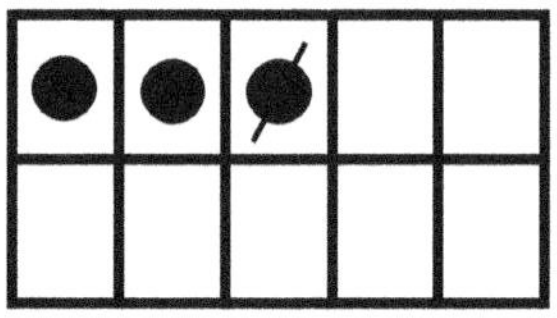

_____ – _____ = _____

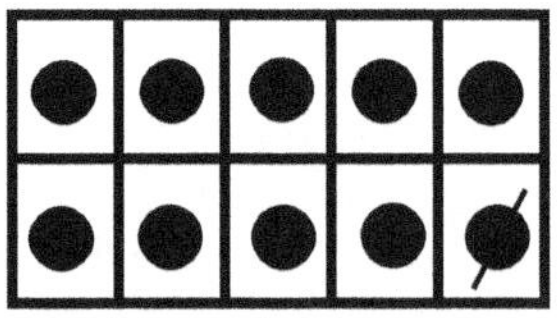

_____ – _____ = _____

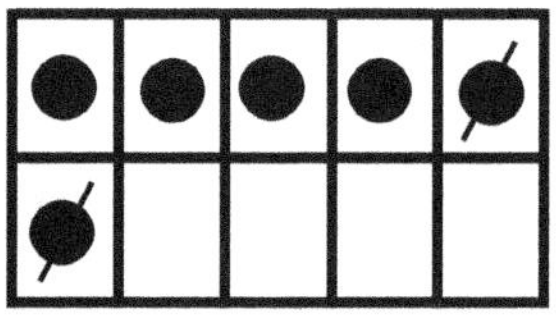

_____ – _____ = _____

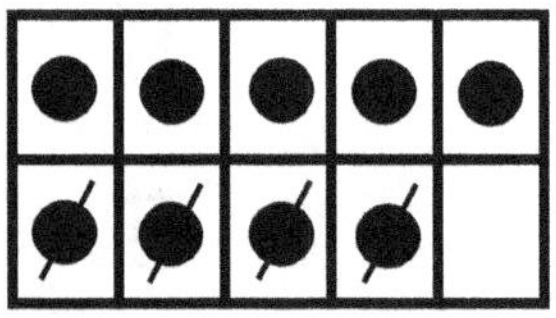

_____ – _____ = _____

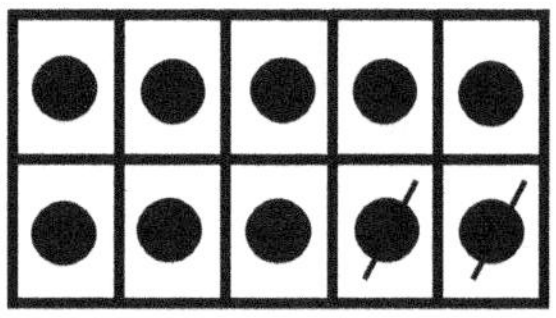

_____ – _____ = _____

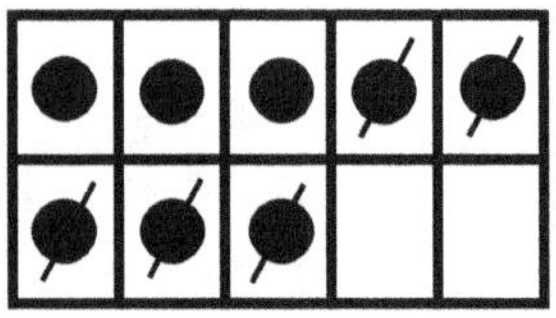

_____ – _____ = _____

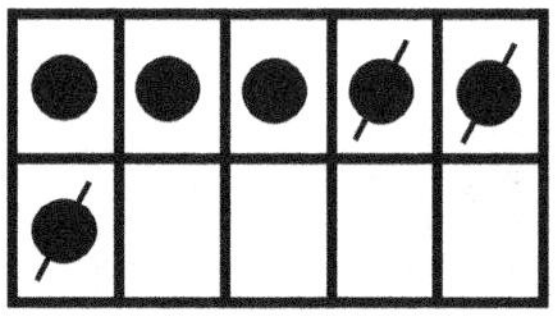

_____ – _____ = _____



© Chalkboard Publishing

# Exerce-toi à soustraire! (suite)

Écris la phrase mathématique.

_____ – _____ = _____

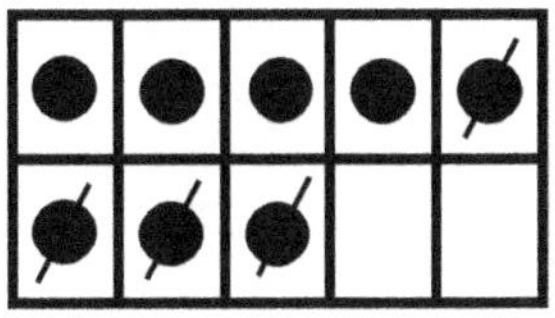

_____ – _____ = _____

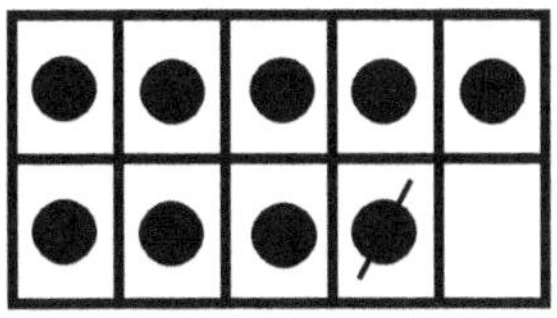

_____ – _____ = _____

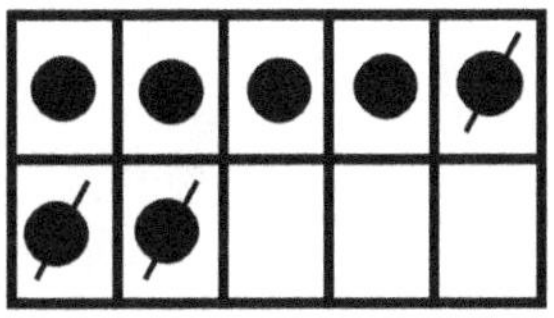

_____ – _____ = _____

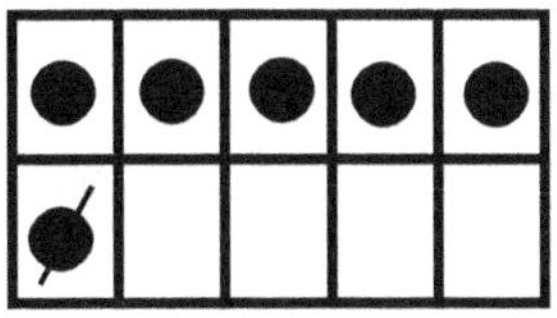

_____ – _____ = _____

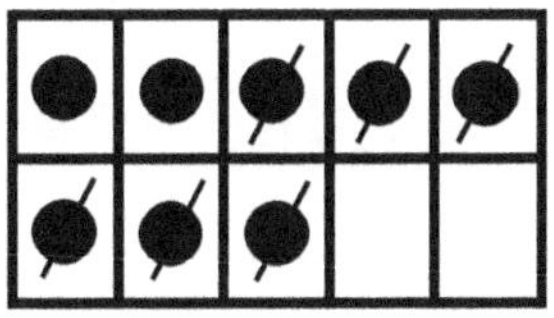

_____ – _____ = _____

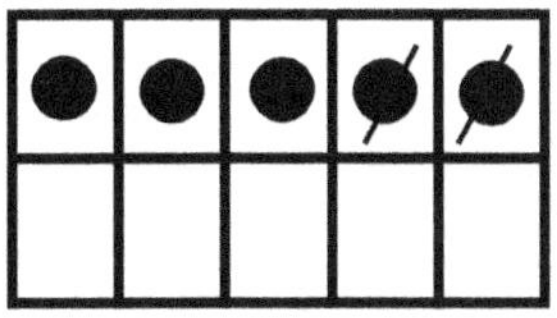

_____ – _____ = _____

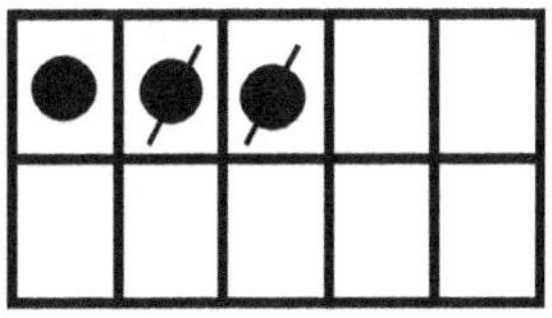

_____ – _____ = _____

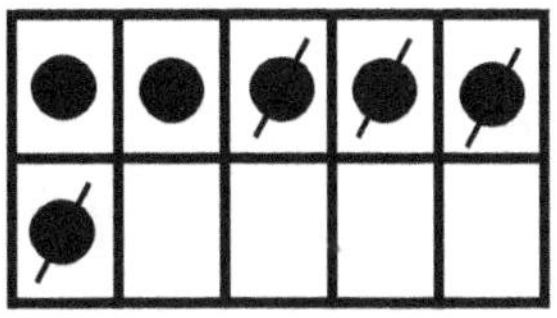

_____ – _____ = _____

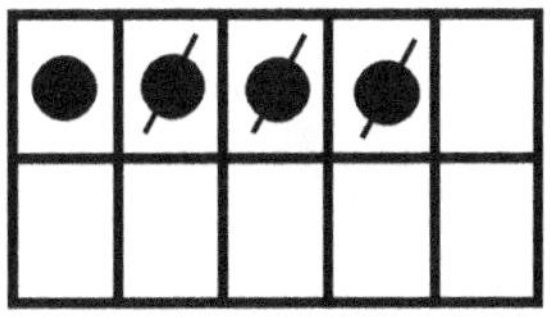

_____ – _____ = _____

© Chalkboard Publishing

# Combien de soustractions différentes donnent 10?

Utilise les grilles de 10 pour montrer différentes manières de soustraire de 10.

10 – 6 = 4

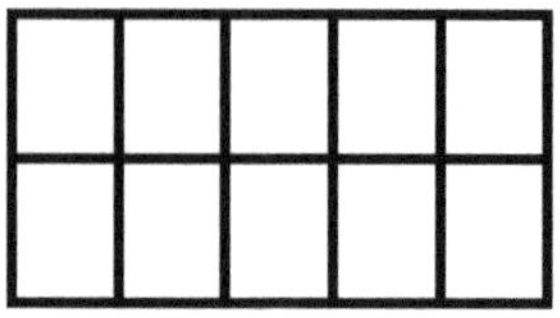

10 – ____ = ____

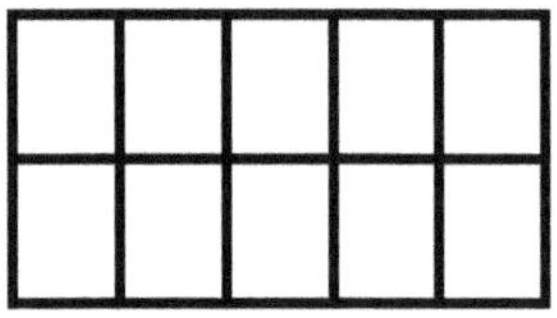

10 – ____ = ____

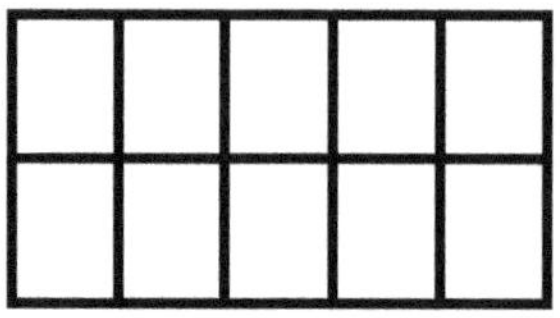

10 – ____ = ____

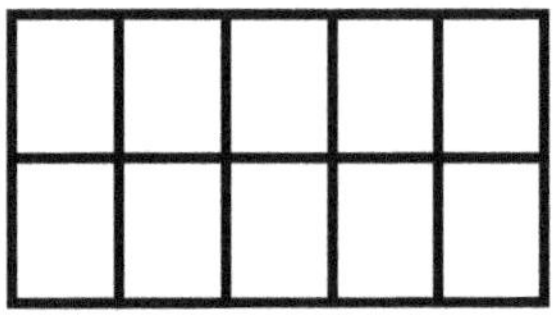

10 – ____ = ____

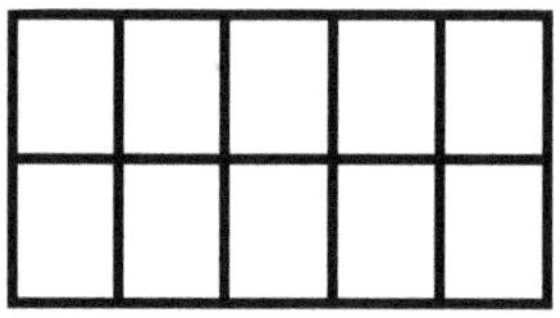

10 – ____ = ____

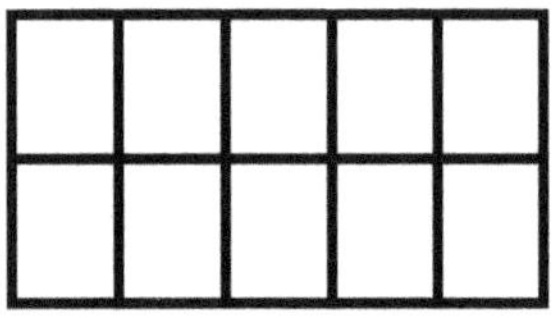

10 – ____ = ____

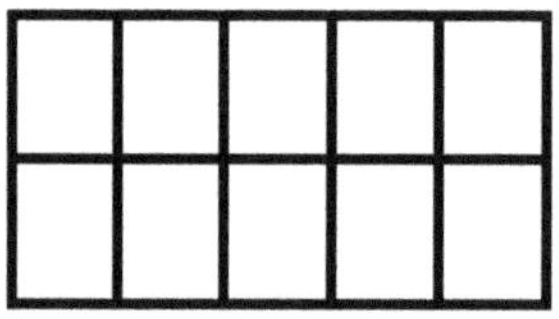

10 – ____ = ____

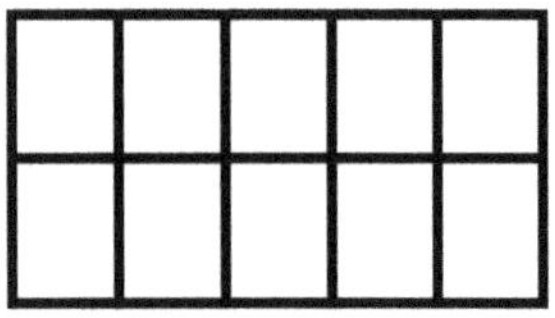

10 – ____ = ____

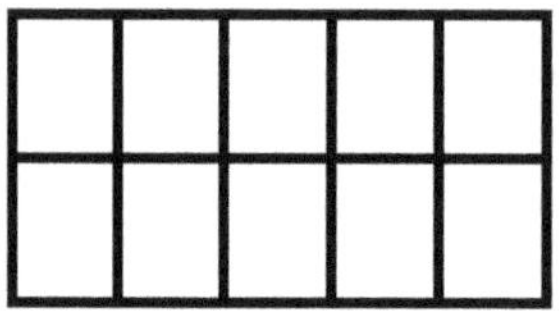

10 – ____ = ____



© Chalkboard Publishing

# Soustraire 1 ou 2 en comptant à rebours

**Soustrais 1 en comptant à rebours.**

3 – 1 = _____

Compte à rebours à partir du premier chiffre. Compte à voix haute.

3 2

Arrête quand il te reste un seul doigt levé. 3 – 1 = <u>2</u>

**Soustrais 2 en comptant à rebours.**

5 – 2 = _____

Compte à rebours à partir du premier chiffre. Compte à voix haute.

5 4 3

Arrête quand il te reste 2 doigts levés.

5 – 2 = <u>3</u>

Soustrais en comptant à rebours.

8 – 1 = _____

8, _____

3 – 2 = _____

3, _____, _____

9 – 1 = _____

9, _____

7 – 2 = _____

7, _____, _____

4 – 1 = _____

4, _____

4 – 2 = _____

4, _____, _____

10 – 1 = _____

10, _____

6 – 2 = _____

6, _____, _____

# Les soustractions de 0, 1 et 2

Soustrais. N'oublie pas de compter à rebours.

| | | | | |
|---|---|---|---|---|
| 9 | 8 | 5 | 9 | 6 |
| − 2 | − 1 | − 0 | − 1 | − 0 |
| ____ | ____ | ____ | ____ | ____ |
| 10 | 6 | 9 | 2 | 4 |
| − 3 | − 2 | − 0 | − 1 | − 2 |
| ____ | ____ | ____ | ____ | ____ |
| 7 | 8 | 3 | 6 | 10 |
| − 1 | − 0 | − 0 | − 1 | − 2 |
| ____ | ____ | ____ | ____ | ____ |
| 4 | 5 | 7 | 4 | 8 |
| − 1 | − 1 | − 2 | − 3 | − 2 |
| ____ | ____ | ____ | ____ | ____ |
| 3 | 7 | 2 | 1 | 3 |
| − 2 | − 0 | − 2 | − 1 | − 1 |
| ____ | ____ | ____ | ____ | ____ |


© Chalkboard Publishing

# Les soustractions de 3, 4 et 5

Soustrais.

| | | | | |
|---|---|---|---|---|
| 6 − 4 = ___ | 9 − 5 = ___ | 4 − 4 = ___ | 8 − 3 = ___ | 7 − 5 = ___ |
| 10 − 3 = ___ | 8 − 4 = ___ | 6 − 5 = ___ | 9 − 4 = ___ | 5 − 5 = ___ |
| 6 − 6 = ___ | 10 − 5 = ___ | 8 − 5 = ___ | 3 − 3 = ___ | 7 − 6 = ___ |
| 10 − 4 = ___ | 7 − 4 = ___ | 9 − 3 = ___ | 4 − 3 = ___ | 5 − 4 = ___ |

## Gymnastique mentale

5 – 2 – 1 =

4 – 3 – 0 =

© Chalkboard Publishing

# Utiliser une droite numérique pour soustraire

Utilise une droite numérique pour soustraire.

8 – 4 = 4

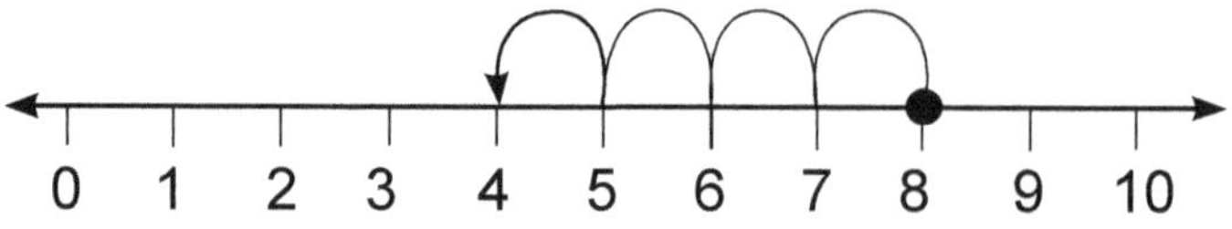


Pense: 7, 6, 5, 4

Dessine un point au chiffre 8.
Dessine 4 bonds à rebours.
Arrête au chiffre 4.

Utilise la droite numérique pour soustraire. Dessine un point pour montrer où commencer. Ensuite, fais le nombre de bonds demandé. Écris la réponse.

9 – 5 = ______

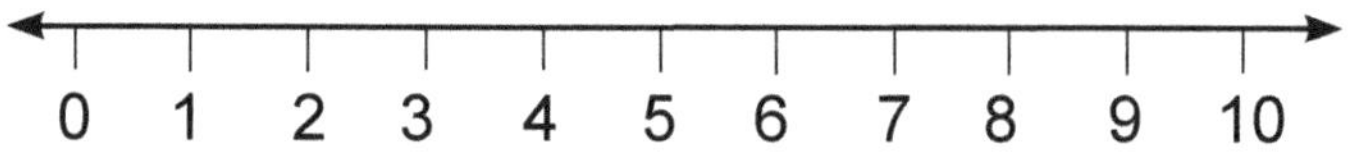


6 – 4 = ______

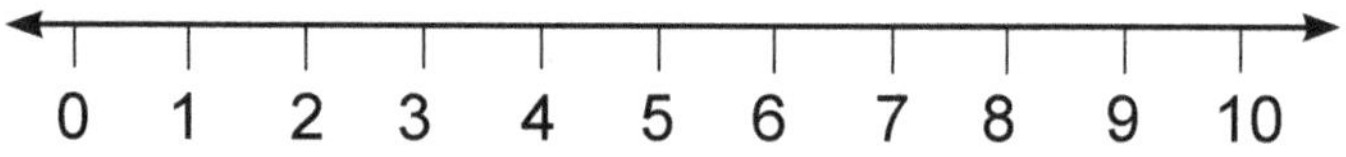


4 – 1 = ______

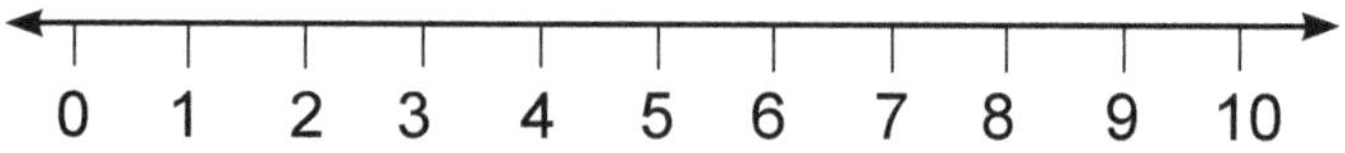


7 – 2 = ______

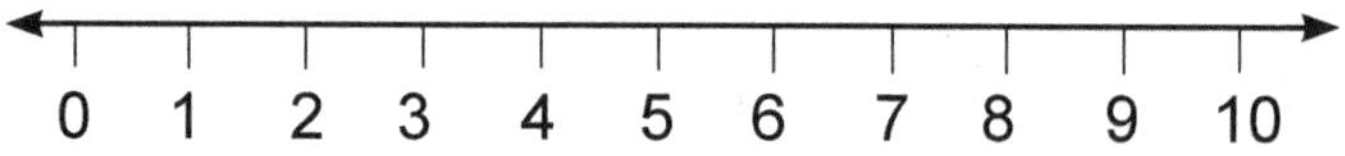



© Chalkboard Publishing

# Utiliser une droite numérique pour soustraire (suite)

Utilise la droite numérique pour soustraire. Dessine un point pour montrer où commencer. Ensuite, fais le nombre de bonds demandé. Écris la réponse.

9 – 6 = ______

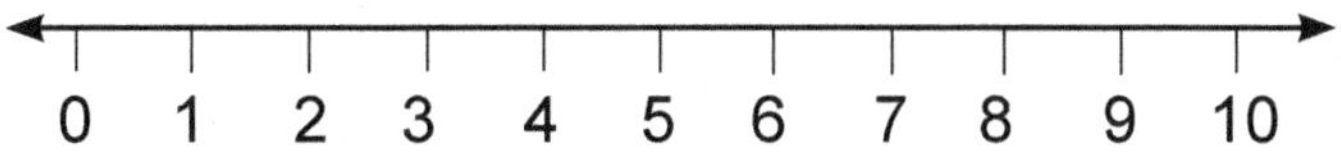


5 – 2 = ______

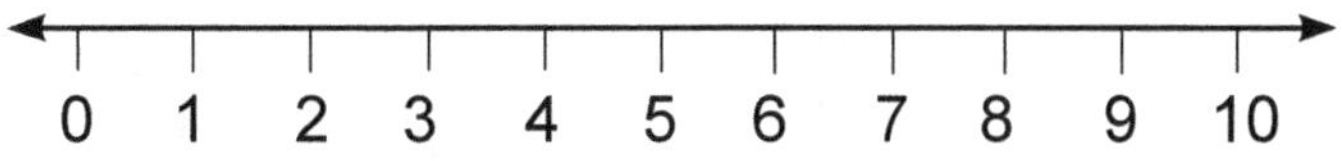


7 – 5 = ______

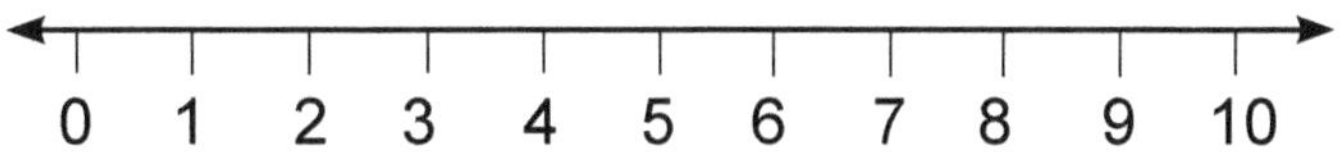


8 – 1 = ______

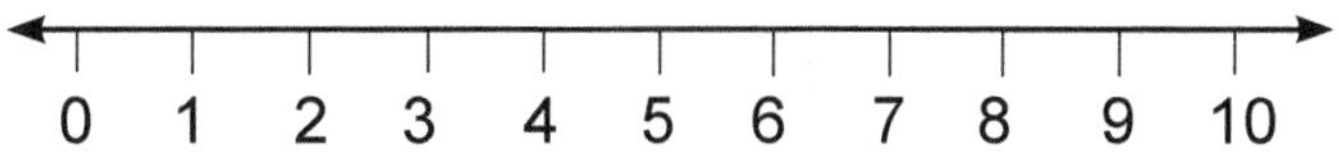


10 – 8 = ______

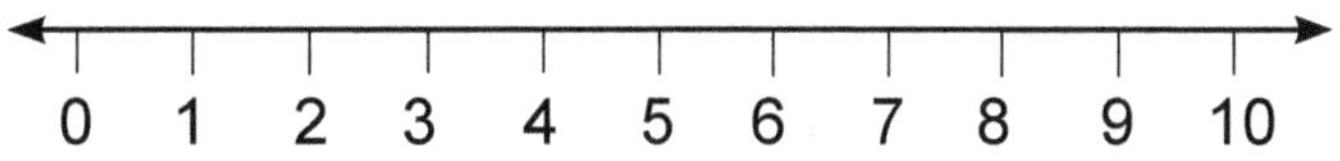


3 – 3 = ______

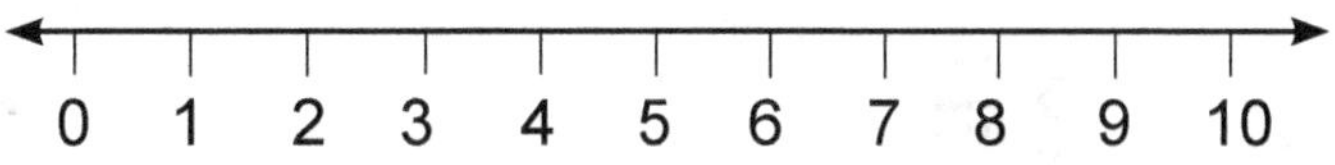


9 – 7 = ______

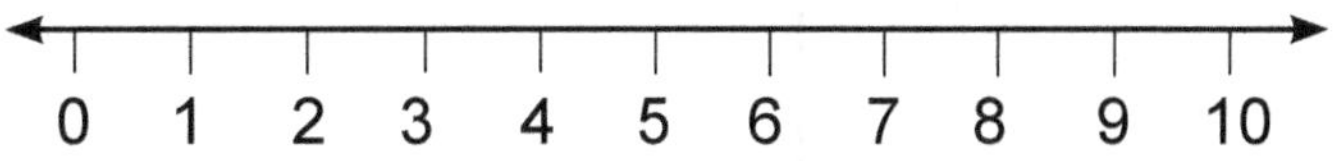


© Chalkboard Publishing

# Charade mathématique : les soustractions de 0 à 10

**Pourquoi les bélugas mâles sont-ils en voie d'exctinction?**

__ __ __ | __ __ | __ __ | __ | __ __ __ |
0 5 11 | 7 10 | 17 15 | 5 | 14 5 1 |

__ __ __ __ __ | __ __ | __ __ __ __ __ __ __ __ __ __
5 11 9 9 12 | 13 9 | 4 6 10 8 3 7 10 10 9 1

| | | | |
|---|---|---|---|
| **A** 9 – 4 = | **B** 7 – 3 = | **C** 9 – 9 = | **D** 13 – 0 = |
| **E** 9 – 0 = | **E** 8 – 2 = | **F** 4 – 1 = | **I** 9 – 2 = |
| **L** 10 – 0 = | **N** 20 – 3 = | **P** 16 – 2 = | **R** 12 – 1 = |
| **S** 3 – 2 = | **U** 10 – 2 = | **U** 5 – 3 = | **Y** 18 – 3 = |
| **Z** 14 – 2 = | | | |


© Chalkboard Publishing

# Construire des phrases mathématiques

Fais une barre sur les blocs que tu veux soustraire. Colorie les blocs restants. Complète la phrase mathématique.

4 – 3 = 1 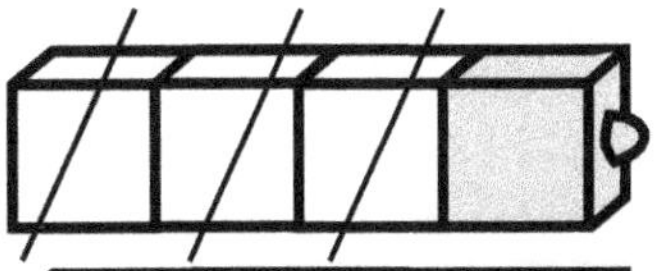

4 – ___ = ___ 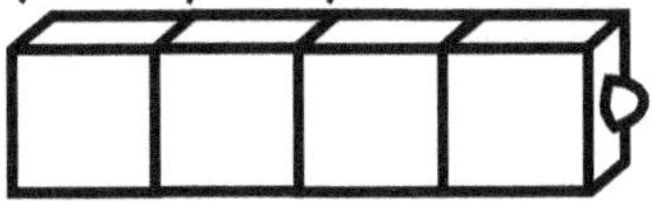

4 – ___ = ___ 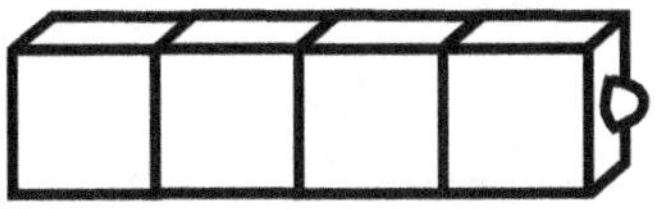

4 – ___ = ___ 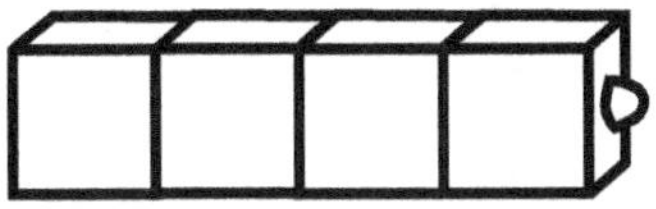

6 – ___ = ___ 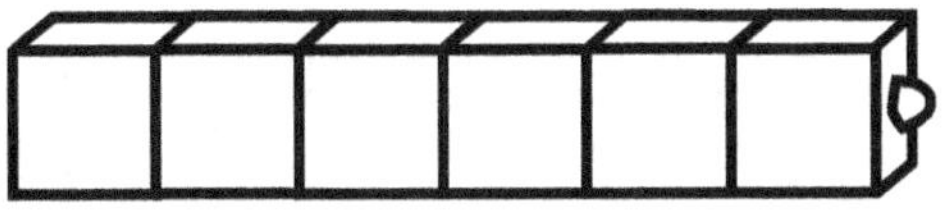

6 – ___ = ___ 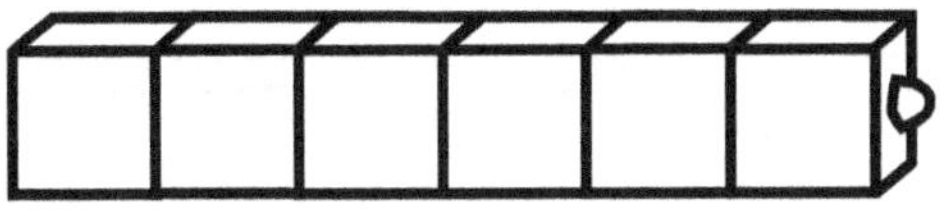

6 – ___ = ___ 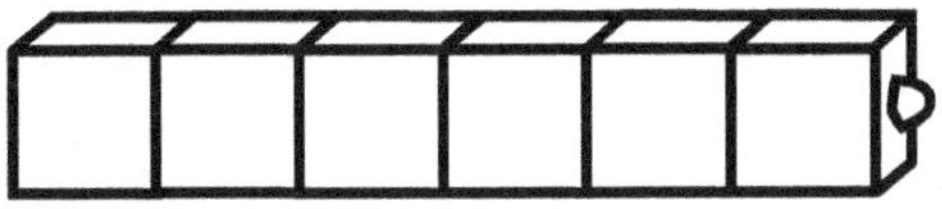

6 – ___ = ___ 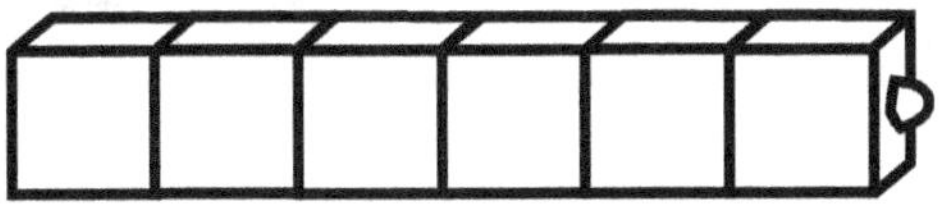

9 – ___ = ___ 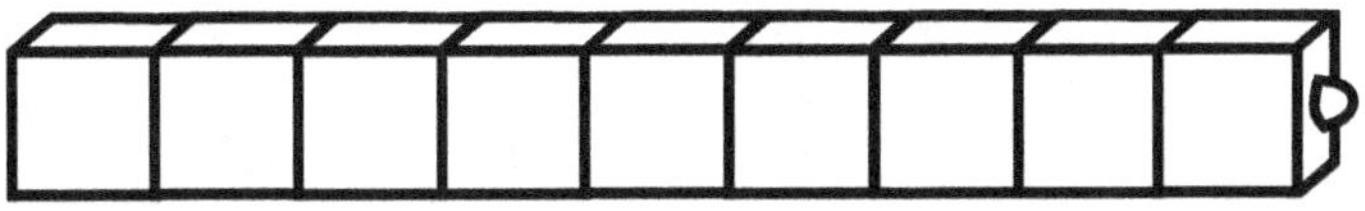

9 – ___ = ___ 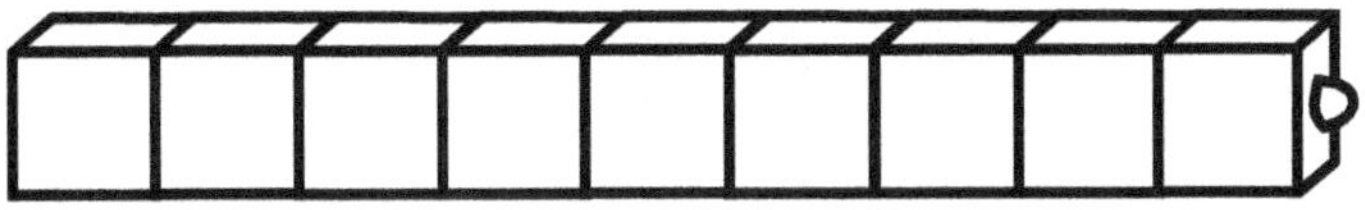

9 – ___ = ___ 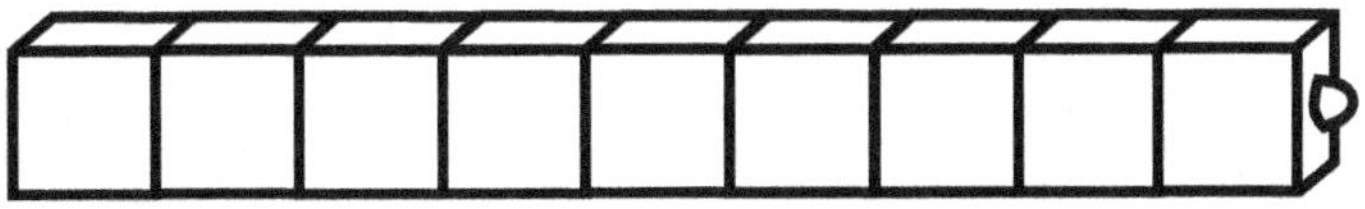

9 – ___ = ___ 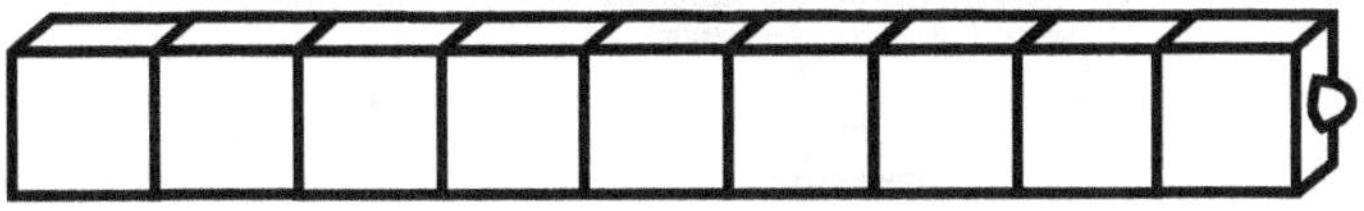

© Chalkboard Publishing

# Construire des phrases mathématiques (suite)

Fais une barre sur les blocs que tu veux soustraire. Colorie les blocs restants. Complète la phrase mathématique.

5 – ___ = ___

5 – ___ = ___

5 – ___ = ___

5 – ___ = ___

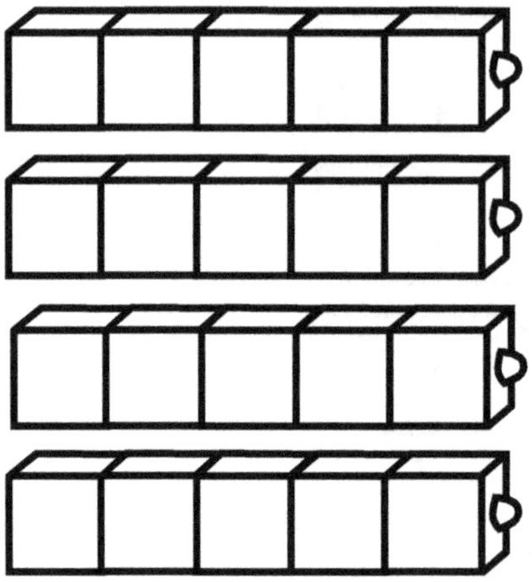

12 – ___ = ___

12 – ___ = ___

12 – ___ = ___

12 – ___ = ___

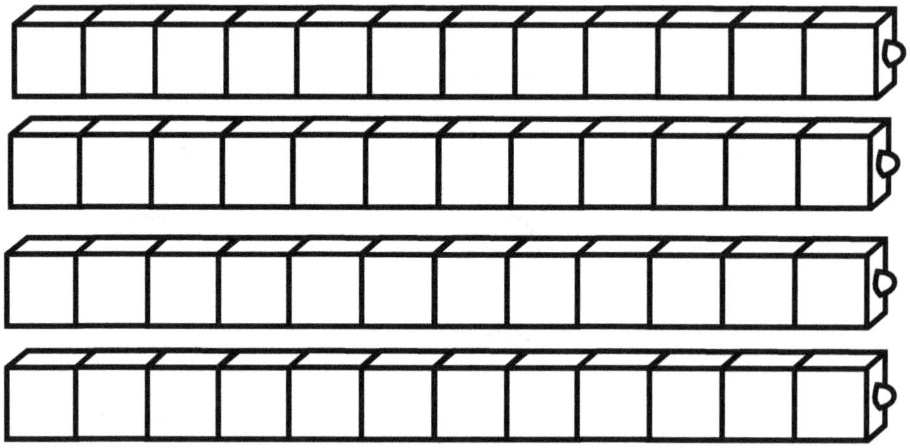

8 – ___ = ___

8 – ___ = ___

8 – ___ = ___

8 – ___ = ___

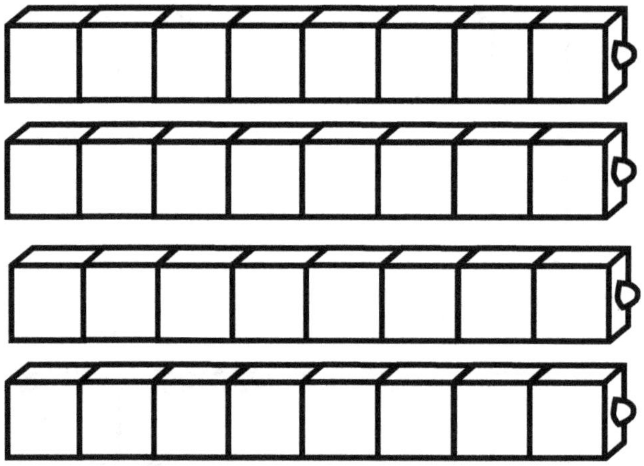


© Chalkboard Publishing

# Construire des phrases mathématiques (suite)

Fais une barre sur les blocs que tu veux soustraire. Colorie les blocs restants. Complète la phrase mathématique.

10 – ___ = ___

10 – ___ = ___

10 – ___ = ___

10 – ___ = ___

11 – ___ = ___

11 – ___ = ___

11 – ___ = ___

11 – ___ = ___

7 – ___ = ___

7 – ___ = ___

7 – ___ = ___

7 – ___ = ___

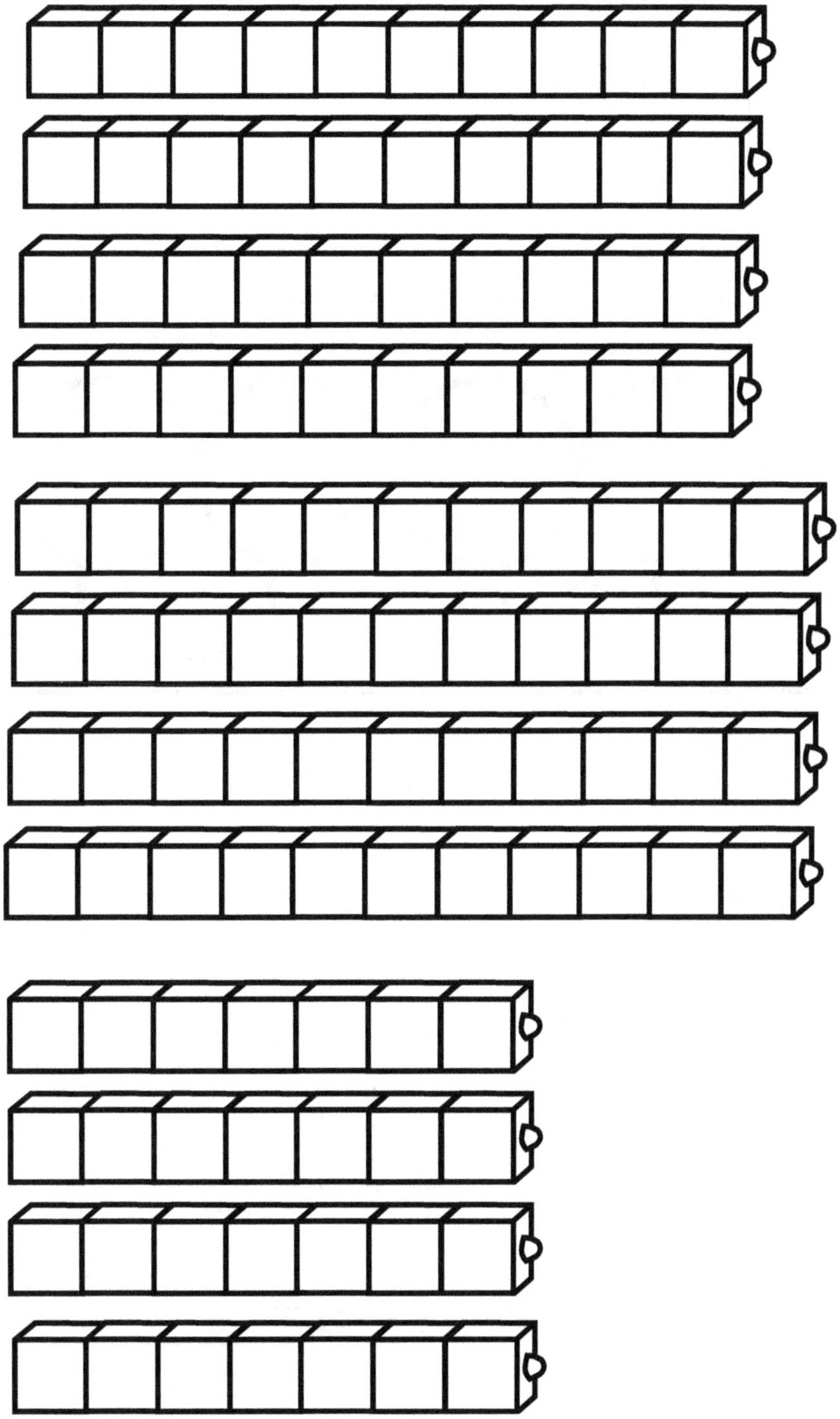

© Chalkboard Publishing

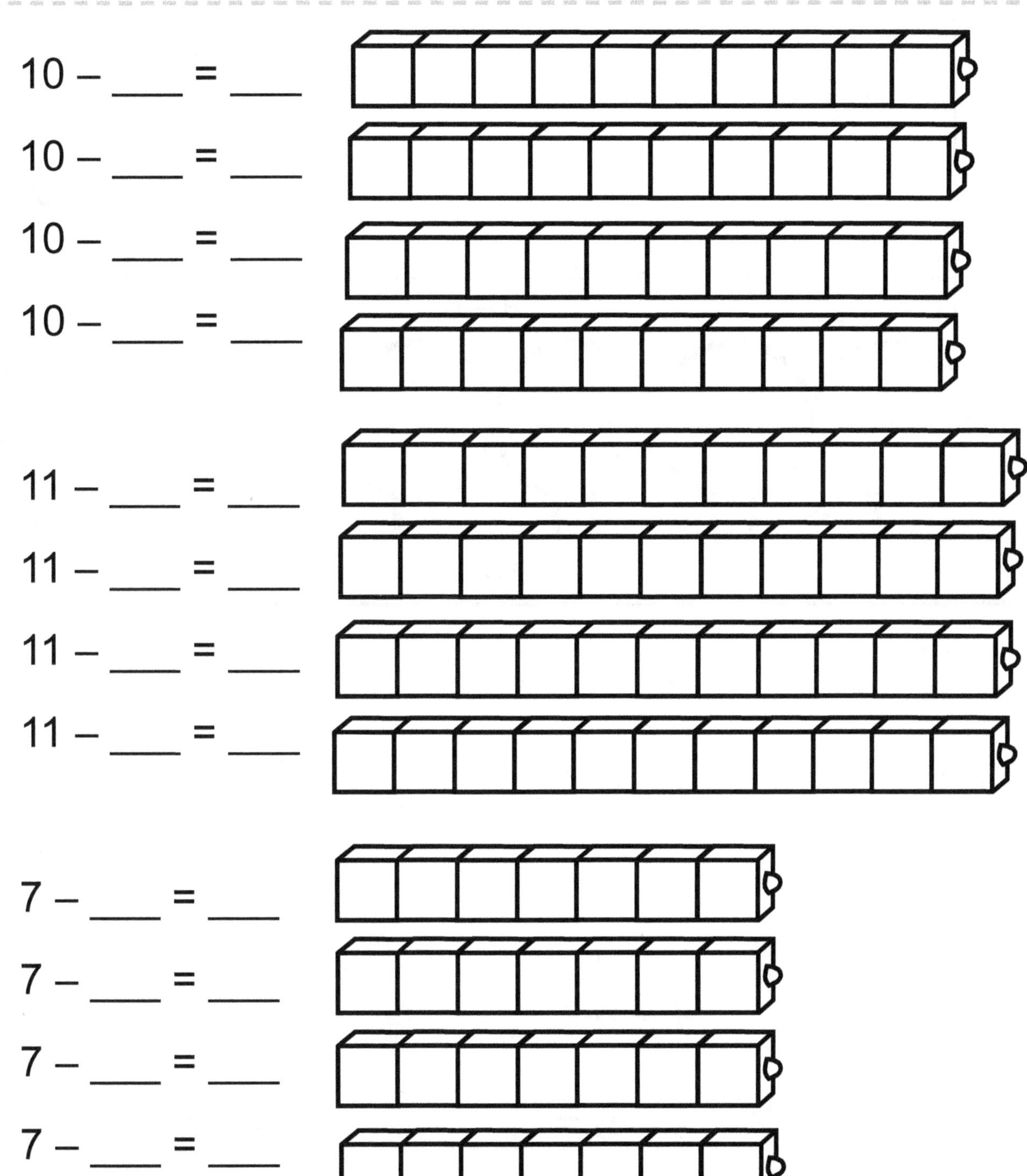

# Les différences de 0 à 12

Soustrais. Utilise la légende pour colorier l'image.

**Légende de couleurs**
- 1 - jaune
- 2 - orange
- 3 - vert
- 4 - bleu
- 5 - rouge
- 6 - noir
- 7 - mauve
- 8 - brun

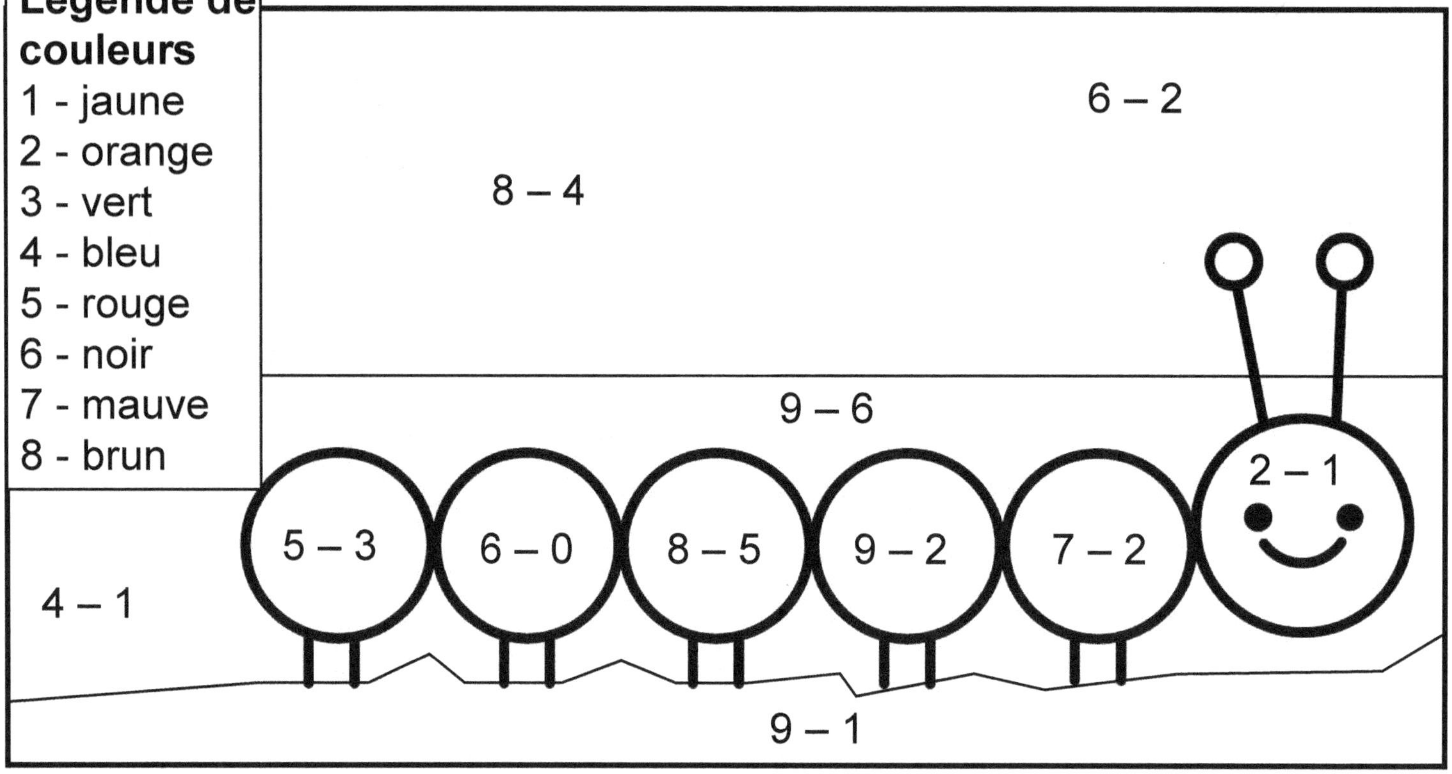


Soustrais.

| | | |
|---|---|---|
| 3 – 3 = ______ | 11 – 8 = ______ | 1 – 0 = ______ |
| 4 – 2 = ______ | 10 – 5 = ______ | 5 – 2 = ______ |
| 7 – 6 = ______ | 4 – 3 = ______ | 6 – 4 = ______ |
| 8 – 2 = ______ | 9 – 5 = ______ | 3 – 1 = ______ |
| 7 – 4 = ______ | 12 – 6 = ______ | 10 – 7 = ______ |


© Chalkboard Publishing

# Les soustractions de 0 à 10

Associe la phrase mathématique à la bonne réponse.

| | | |
|---|---|---|
| 8 – 2 = | 7 | 10 – 1 = |
| 9 – 5 = | 3 | 5 – 3 = |
| 10 – 2 = | 4 | 4 – 4 = |
| 7 – 6 = | 2 | 10 – 0 = |
| 6 – 3 = | 9 | 11 – 1 = |
| 4 – 2 = | 10 | 7 – 2 = |
| 9 – 4 = | 0 | 8 – 7 = |
| 10 – 3 = | 5 | 6 – 2 = |
| 1 – 1 = | 6 | 8 – 5 = |
| | 8 | |
| | 1 | |

© Chalkboard Publishing

# Nombres manquants : les soustractions de 0 à 12

Trouve les nombres manquants. Utilise la droite numérique pour t'aider.

0 1 2 3 4 5 6 7 8 9 10 11 12

| | | | | |
|---|---|---|---|---|
| □ | 10 | 5 | □ | 9 |
| − 6 | − □ | − □ | − 7 | − □ |
| 5 | 1 | 4 | 4 | 8 |
| 9 | 11 | □ | □ | 13 |
| − □ | − □ | − 0 | − 6 | − □ |
| 4 | 9 | 5 | 3 | 5 |
| □ | 3 | □ | 12 | 10 |
| − 10 | − □ | − 4 | − □ | − □ |
| 1 | 2 | 9 | 6 | 5 |
| 11 | 10 | □ | □ | 8 |
| − □ | − □ | − 9 | − 7 | − □ |
| 8 | 3 | 1 | 5 | 6 |

## Gymnastique mentale

12 – _____ – 2 = 5 10 – 5 – _____ = 4 _____ – 6 – 1 = 4


© Chalkboard Publishing

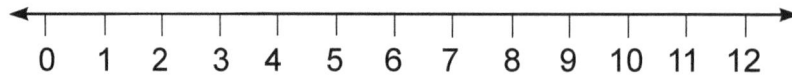

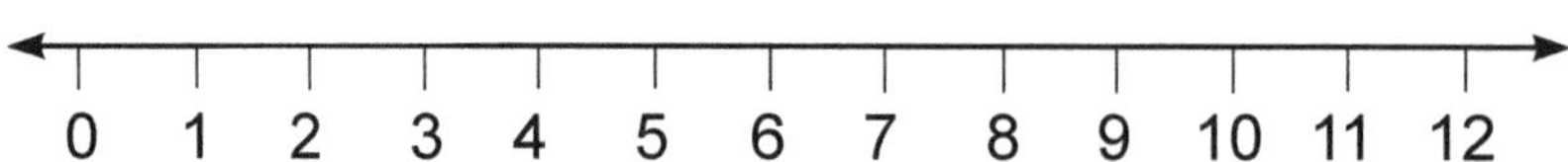

# Charade mathématique : les soustractions de 0 à 12

## Que dit un chat en entrant dans une phramacie?

__ __ __ __ – __ __ __ __ | __ __ | __ __ __ __ __
2 8 3 0 – 8 13 9 6 | 5 9 | 6 12 1 13 7

__ __ __ __ | __ __ __ __ __
3 13 9 1 | 4 2 10 13 9

| | | | |
|---|---|---|---|
| **A** $9 - 7$ | **D** $9 - 4$ | **E** $8 - 5$ | **I** $12 - 0$ |
| **M** $6 - 2$ | **O** $16 - 3$ | **P** $12 - 5$ | **R** $7 - 6$ |
| **S** $10 - 4$ | **T** $12 - 2$ | **U** $10 - 1$ | **V** $12 - 4$ |
| **Z** $6 - 6$ | | | |

**Attention!**
Certaines lettres ne sont pas utilisées dans la charade.

# Soustraire 1 ou 2 en comptant à rebours

Soustrais en comptant à rebours.

| | |
|---|---|
| 14 – 1 = 13<br>14, 13 | 19 – 2 = 17<br>19, 18, 17 |
| 20 – 1 = ____<br>20, ____ | 14 – 2 = ____<br>14, ____, ____ |
| 16 – 1 = ____<br>16, ____ | 20 – 2 = ____<br>20, ____, ____ |
| 15 – 1 = ____<br>15, ____ | 18 – 2 = ____<br>18, ____, ____ |
| 19 – 1 = ____<br>19, ____ | 13 – 2 = ____<br>13, ____, ____ |
| 17 – 1 = ____<br>17, ____ | 15 – 2 = ____<br>15, ____, ____ |
| 13 – 1 = ____<br>13, ____ | 16 – 2 = ____<br>16, ____, ____ |


© Chalkboard Publishing

# Regrouper 10 unités pour soustraire.

Regroupe 10 unités pour t'aider à soustraire.
Puis, soustrais.

| | |
|---|---|
| 12 – 9 =<br><br>12 – 9 = **13** – 10 = **3**<br>Je sais que 9 + 1 = 10.<br>Donc, j'ajoute 1 à chaque nombre.<br>Ensuite, je soustrais pour trouver la réponse. | 14 – 8 =<br><br>14 – 8 = ____ – 10 = ____<br><br>J'ajoute 2 à chaque nombre. |
| 17 – 6 =<br><br>17 – 6 = ____ – 10 = ____<br><br>J'ajoute ____ à chaque nombre. | 19 – 6 =<br><br>19 – 6 = ____ – 10 = ____<br><br>J'ajoute ____ à chaque nombre. |
| 18 – 7 =<br><br>18 – 7 = ____ – 10 = ____<br><br>J'ajoute ____ à chaque nombre. | 13 – 9 =<br><br>13 – 9 = ____ – 10 = ____<br><br>J'ajoute ____ à chaque nombre. |
| 15 – 7 =<br><br>15 – 7 = ____ – 10 = ____<br><br>J'ajoute ____ à chaque nombre. | 16 – 7 =<br><br>16 – 7 = ____ – 10 = ____<br><br>J'ajoute ____ à chaque nombre. |

© Chalkboard Publishing

# Soustraire 7, 8 ou 9, de 11 à 20

Trouve les différences. Tu peux compter à rebours pour t'aider.

| | | | | |
|---|---|---|---|---|
| 15 − 7 = ☐ | 13 − 8 = ☐ | 17 − 9 = ☐ | 19 − 8 = ☐ | 20 − 8 = ☐ |
| 17 − 7 = ☐ | 11 − 8 = ☐ | 15 − 9 = ☐ | 20 − 7 = ☐ | 12 − 8 = ☐ |
| 14 − 9 = ☐ | 11 − 7 = ☐ | 14 − 8 = ☐ | 16 − 9 = ☐ | 10 − 9 = ☐ |
| 15 − 8 = ☐ | 12 − 7 = ☐ | 18 − 8 = ☐ | 13 − 9 = ☐ | 16 − 7 = ☐ |
| 12 − 9 = ☐ | 19 − 9 = ☐ | 16 − 8 = ☐ | 14 − 7 = ☐ | 11 − 9 = ☐ |


© Chalkboard Publishing

# Exerce-toi à soustraire! - Les différences de 11 à 15

Trouve les différences. Tu peux compter à rebours pour t'aider.

| | | | | |
|---|---|---|---|---|
| 13 − 7 = ☐ | 12 − 8 = ☐ | 14 − 2 = ☐ | 15 − 9 = ☐ | 11 − 7 = ☐ |
| 12 − 9 = ☐ | 15 − 0 = ☐ | 11 − 6 = ☐ | 12 − 3 = ☐ | 14 − 4 = ☐ |
| 15 − 4 = ☐ | 11 − 4 = ☐ | 13 − 2 = ☐ | 12 − 5 = ☐ | 14 − 6 = ☐ |
| 14 − 7 = ☐ | 12 − 4 = ☐ | 13 − 1 = ☐ | 15 − 6 = ☐ | 11 − 5 = ☐ |

## Gymnastique mentale

14 – 4 – 5 = ______

15 – 9 – 3 = ______

16 – 8 – 6 = ______

20 – 7 – 9 = ______

© Chalkboard Publishing

# Exerce-toi à soustraire! - Les différences de 16 à 20

Trouve les différences. Tu peux compter à rebours pour t'aider.

| | | | | |
|---|---|---|---|---|
| $16 - 7 = \square$ | $19 - 9 = \square$ | $17 - 9 = \square$ | $18 - 8 = \square$ | $20 - 10 = \square$ |
| $17 - 7 = \square$ | $19 - 10 = \square$ | $16 - 9 = \square$ | $20 - 3 = \square$ | $18 - 9 = \square$ |
| $16 - 2 = \square$ | $19 - 7 = \square$ | $17 - 10 = \square$ | $16 - 3 = \square$ | $10 - 1 = \square$ |
| $17 - 8 = \square$ | $20 - 2 = \square$ | $18 - 2 = \square$ | $19 - 3 = \square$ | $16 - 4 = \square$ |
| $12 - 6 = \square$ | $19 - 3 = \square$ | $16 - 8 = \square$ | $14 - 9 = \square$ | $20 - 5 = \square$ |


© Chalkboard Publishing

# Exerce-toi à soustraire! - Les différences de 11 à 20

Trouve les différences. Tu peux compter à rebours pour t'aider.

$13 - 7 = \square$ | $12 - 8 = \square$ | $14 - 9 = \square$ | $20 - 10 = \square$ | $11 - 5 = \square$

$17 - 10 = \square$ | $19 - 3 = \square$ | $16 - 2 = \square$ | $18 - 9 = \square$ | $15 - 10 = \square$

$15 - 2 = \square$ | $11 - 8 = \square$ | $20 - 2 = \square$ | $14 - 7 = \square$ | $10 - 9 = \square$

$14 - 6 = \square$ | $12 - 2 = \square$ | $13 - 5 = \square$ | $16 - 10 = \square$ | $15 - 8 = \square$

## Gymnastique mentale

14 – 4 – 5 = ______

19 – 9 – 3 = ______

16 – 8 – 6 = ______

20 – 2 – 9 = ______

© Chalkboard Publishing

# Nombres manquants

Trouve les nombres manquants pour compléter les soustractions.
Utilise la droite numérique pour t'aider.

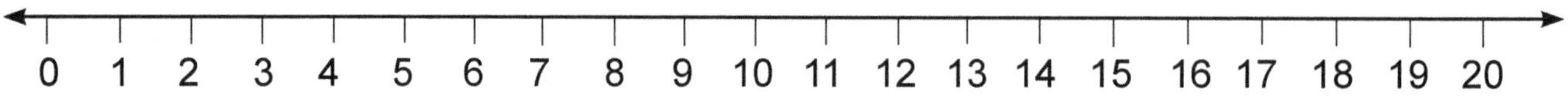


| | | | | |
|---|---|---|---|---|
| □ | 14 | 19 | □ | 16 |
| − 8 | − □ | − □ | − 7 | − □ |
| 5 | 13 | 17 | 8 | 8 |
| 13 | 18 | □ | □ | 13 |
| − □ | − □ | − 10 | − 9 | − □ |
| 4 | 9 | 10 | 6 | 5 |
| □ | 13 | □ | 12 | 10 |
| − 10 | − □ | − 4 | − □ | − □ |
| 7 | 11 | 9 | 6 | 5 |
| 15 | 14 | □ | □ | 14 |
| − □ | − □ | − 9 | − 7 | − □ |
| 7 | 5 | 7 | 5 | 6 |


© Chalkboard Publishing

## Charade mathématique : les soustractions de 0 à 20

### Quelle monnaie utilise les poissons?

___ ___ ___ | ___ ___ ___ ___ - ___ ___ ___ ___ ___ ___

13 18 15 | 15 2 3 15   4 20 1 19 12 15

| A | B | C | D | E |
|---|---|---|---|---|
| 20 − 0 | 17 − 9 | 19 − 2 | 14 − 7 | 18 − 0 |
| **F** | **G** | **H** | **I** | **J** |
| 10 − 5 | 13 − 7 | 19 − 3 | 20 − 1 | 13 − 4 |
| **L** | **M** | **N** | **O** | **P** |
| 19 − 6 | 9 − 5 | 14 − 2 | 8 − 6 | 15 − 4 |
| **R** | **S** | **U** | **W** | **Y** |
| 2 − 1 | 19 − 4 | 12 − 9 | 15 − 5 | 18 − 4 |

**Attention!** Certaines lettres ne sont pas utilisées dans la charade.

# Les différences de 0 à 20

Soustrais. Utilise la droite numérique pour compter à rebours.

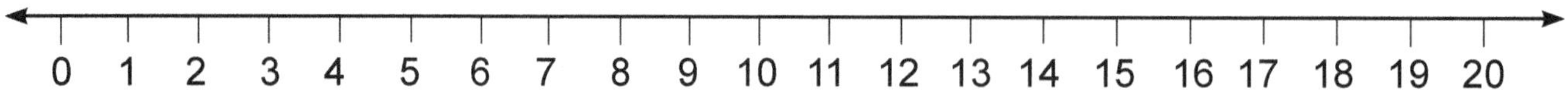


| | | | | |
|---|---|---|---|---|
| 18 − 3 = ____ | 14 − 6 = ____ | 12 − 8 = ____ | 18 − 4 = ____ | 19 − 2 = ____ |
| 10 − 0 = ____ | 13 − 9 = ____ | 11 − 4 = ____ | 15 − 2 = ____ | 20 − 3 = ____ |
| 19 − 9 = ____ | 17 − 2 = ____ | 11 − 6 = ____ | 16 − 8 = ____ | 12 − 11 = ____ |
| 18 − 5 = ____ | 14 − 2 = ____ | 12 − 6 = ____ | 20 − 10 = ____ | 15 − 4 = ____ |


© Chalkboard Publishing

# Soustraire des dizaines

Pense à une soustraction pour soustraire des dizaines.

Trouve 40-20
Pense à 4 - 2 = 2
4 dizaines - 2 dizaines = 2 dizaines

40 – 20 = 20

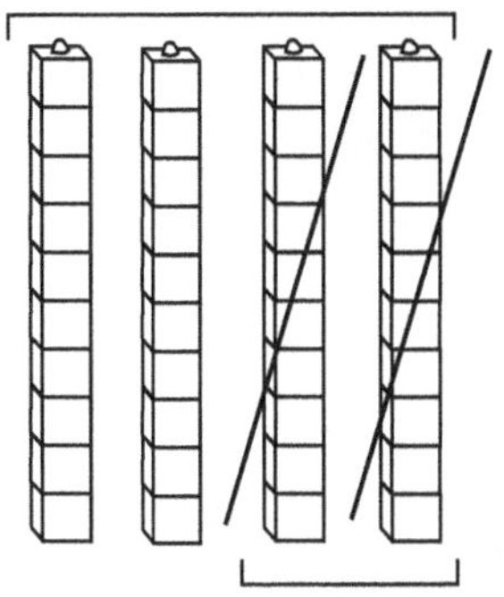


Utilise une soustraction simple pour soustraire les dizaines.

9 – 7 = ______

90 – 70 = ______

4 – 3 = ______

40 – 30 = ______

5 – 3 = ______

50 – 30 = ______

7 – 5 = ______

70 – 50 = ______

6 – 4 = ______

60 – 40 = ______

9 – 6 = ______

90 – 60 = ______

8 – 5 = ______

80 – 50 = ______

3 – 2 = ______

30 – 20 = ______

© Chalkboard Publishing

# Utiliser une droite numérique pour soustraire

Utilise la droite numérique pour soustraire. Fais un point à l'endroit où tu commences. Ensuite, compte à rebours en dessinant les bonds. Écris la réponse.

29 – 2 = ______

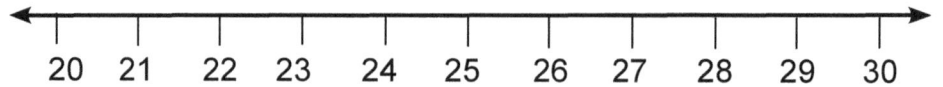

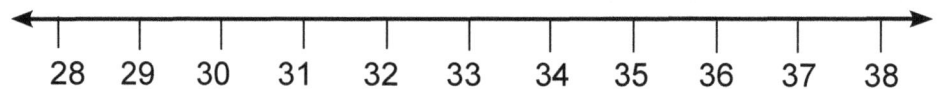

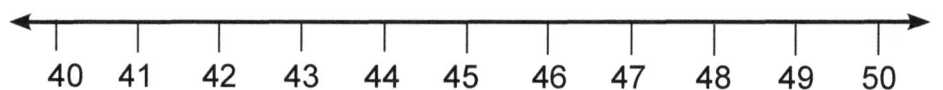

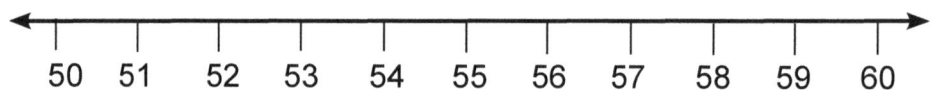

20 21 22 23 24 25 26 27 28 29 30

36 – 3 = ______

28 29 30 31 32 33 34 35 36 37 38

48 – 6 = ______

40 41 42 43 44 45 46 47 48 49 50

57 – 4 = ______

50 51 52 53 54 55 56 57 58 59 60

24 – 5 = ______

15 16 17 18 19 20 21 22 23 24 25

32 – 7 = ______

22 23 24 25 26 27 28 29 30 31 32

61 – 8 = ______

53 54 55 56 57 58 59 60 61 62 63

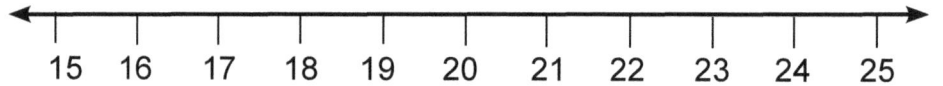

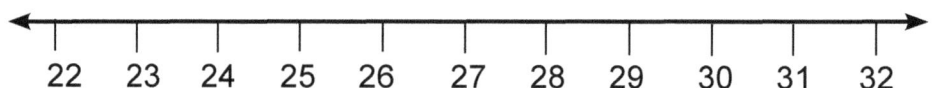

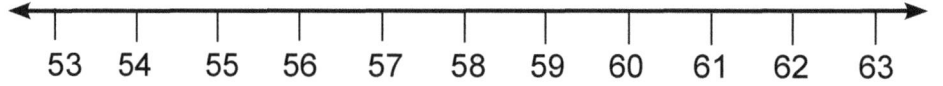

© Chalkboard Publishing

# Soustraction à 2 chiffres sans regroupement

Aligne les unités ensemble et les dizaines ensemble.

Premièrement, soustrais les unités ensemble.

| dizaines | unités |
|---|---|
| 8 | 7 |
| − 4 | 4 |
| | 3 |

Ensuite, soustrais les dizaines ensemble.

| dizaines | unités |
|---|---|
| 8 | 7 |
| − 4 | 4 |
| 4 | 3 |

Utilise un tableau pour diviser les dizaines et les unités. Surligne en jaune la colonne des unités et en orange la colonne des dizaines.

| | | | | |
|---|---|---|---|---|
| 78 − 11 | 97 − 73 | 28 − 13 | 71 − 50 | 33 − 13 |
| 69 − 45 | 25 − 14 | 84 − 53 | 67 − 34 | 98 − 64 |
| 68 − 27 | 98 − 47 | 25 − 10 | 46 − 45 | 78 − 18 |
| 86 − 60 | 74 − 72 | 99 − 23 | 89 − 21 | 53 − 50 |

© Chalkboard Publishing

## Soustraction à 2 chiffres sans regroupement (suite)

Utilise un tableau pour diviser les dizaines et les unités. Ensuite, soustrais.

| | | | | |
|---|---|---|---|---|
| 58 − 36 | 77 − 40 | 34 − 11 | 46 − 34 | 28 − 12 |
| 87 − 52 | 45 − 44 | 99 − 25 | 87 − 34 | 47 − 20 |
| 59 − 12 | 89 − 43 | 28 − 17 | 76 − 76 | 39 − 28 |
| 67 − 25 | 86 − 35 | 94 − 73 | 53 − 50 | 59 − 29 |

## Gymnastique mentale

Utilise des blocs d'unités et des dizaines pour soustraire 37 - 22.


© Chalkboard Publishing

Charade mathématique : les soustractions à 2 chiffres sans regroupement

# Quel est le dessert préféré des araignées?

___ ___ | ___ ___ ___ ___ ___ ___ | ___ ___ |
14 25 | 23 42 52 41 31 44 | 25 52 |

___ ___ ___ ___ ___ ___ ___ ___
41 31 42 41 42 14 25 71

| A | C | D | E | F | G |
|---|---|---|---|---|---|
| 49 − 24 | 51 − 10 | 45 − 15 | 98 − 54 | 66 − 23 | 82 − 31 |
| **H** | **I** | **J** | **K** | **L** | **M** |
| 98 − 67 | 55 − 34 | 57 − 24 | 38 − 18 | 77 − 63 | 93 − 70 |
| **N** | **O** | **P** | **Q** | **R** | **S** |
| 64 − 53 | 58 − 16 | 75 − 25 | 17 − 5 | 39 − 29 | 96 − 4 |
| **T** | **U** | **V** | **W** | **X** | **Y** |
| 99 − 28 | 82 − 30 | 86 − 54 | 38 − 14 | 87 − 27 | 64 − 2 |

**Attention!** Certaines lettres ne sont pas utilisées dans la charade.

© Chalkboard Publishing

## Quelle est l'étoile la plus proche de la terre?

| ' | | | | | | | | | | | | |
|---|---|---|---|---|---|---|---|---|---|---|---|---|
| ___ | ___ | ___ | ___ | ___ | ___ | ___ | ___ | ___ | ___ | ___ | ___ | ___ |
| 70 | 43 | 40 | 12 | 51 | 70 | 42 | 23 | 42 | 20 | 42 | 46 | |

| A | B | C | D | E | F |
|---|---|---|---|---|---|
| 82 − 71 | 97 − 84 | 37 − 11 | 53 − 30 | 65 − 23 | 78 − 25 |
| **G** | **H** | **I** | **J** | **K** | **L** |
| 40 − 10 | 97 − 76 | 91 − 40 | 79 − 50 | 66 − 42 | 82 − 12 |
| **M** | **N** | **O** | **P** | **Q** | **R** |
| 43 − 23 | 55 − 14 | 37 − 25 | 14 − 4 | 89 − 62 | 96 − 50 |
| **S** | **T** | **U** | **V** | **W** | **É** |
| 49 − 33 | 71 − 31 | 53 − 52 | 64 − 50 | 18 − 0 | 85 − 42 |

**Attention!** Certaines lettres ne sont pas utilisées dans la charade.


© Chalkboard Publishing

# Regrouper 20 unités pour soustraire

Regroupe 20 unités pour faciliter le problème. Ensuite, soustrais.

23 – 18 =
23 – 18 = **<u>25</u>** – 20 = **<u>5</u>**

Je sais que 18 + 2 = 20.
Ensuite, je soustrais pour obtenir la réponse.

38 – 19 =

38 – 19 = ____ – 20 = ____

Ajoute 1 à chaque nombre.

32 – 16 =

32 – 16 = ____ – 20 = ____

Ajoute _____ à chaque nombre.

27 – 17 =

27 – 17 = ____ – 20 = ____

Ajoute _____ à chaque nombre.

44 – 19 =

44 – 19 = ____ – 20 = ____

Ajoute _____ à chaque nombre.

43 – 18 =

43 – 18 = ____ – 20 = ____

Ajoute _____ à chaque nombre.

31 – 16 =

31 – 16 = ____ – 20 = ____

Ajoute _____ à chaque nombre.

36 – 19 =

36 – 19 = ____ – 20 = ____

Ajoute _____ à chaque nombre.

© Chalkboard Publishing

# Exerce-toi à regrouper des unités en dizaines

Compte et regroupe les unités pour former des dizaines.

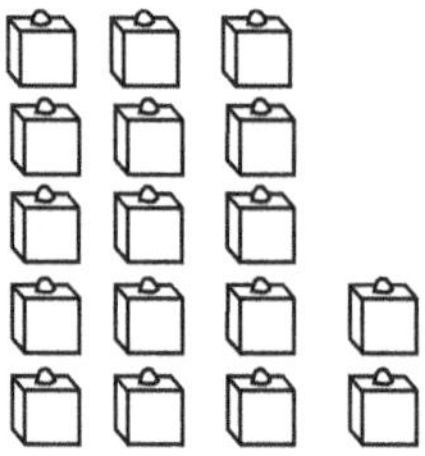

S'il y a plus que 9 unités, **regroupe** 10 unités pour former 1 dizaine.

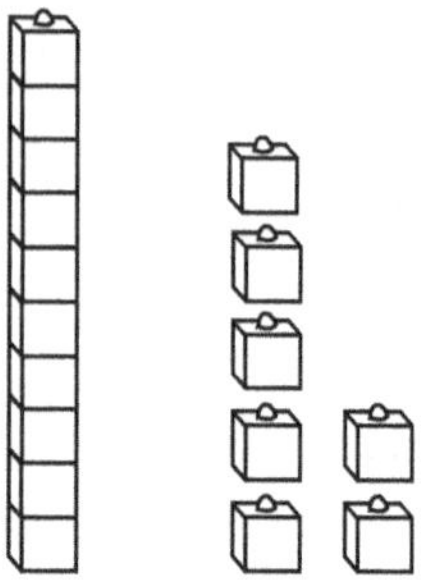

___ dizaines 17 unités

1 dizaine 7 unités

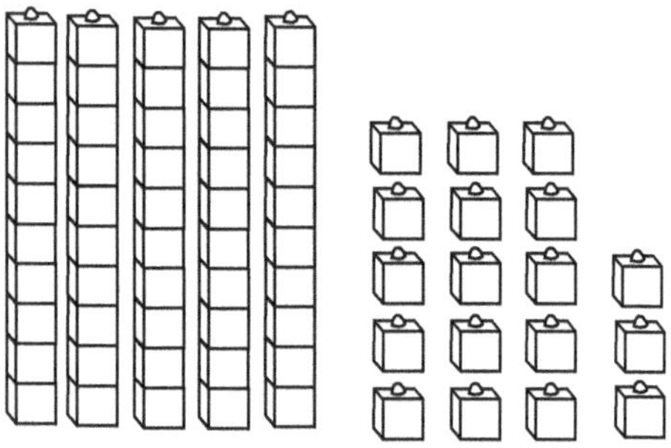

**regroupe**

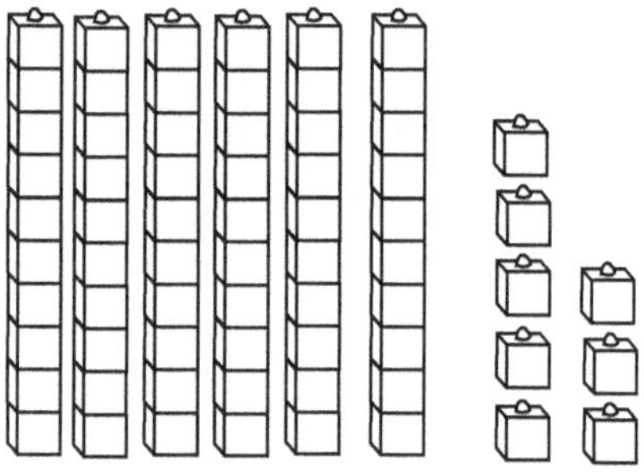

___ dizaines ___ unités

___ dizaines ___ unités

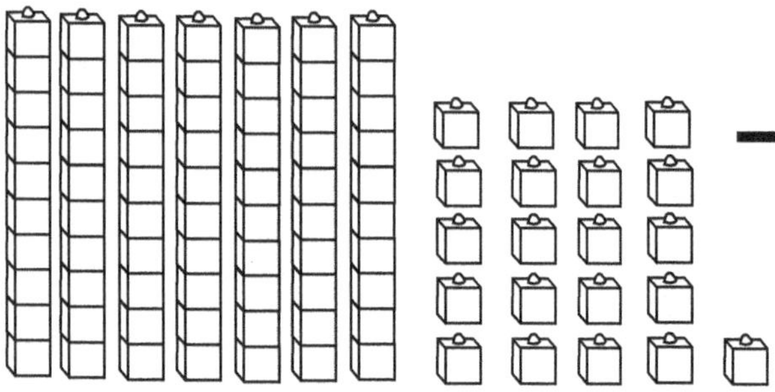

**regroupe**

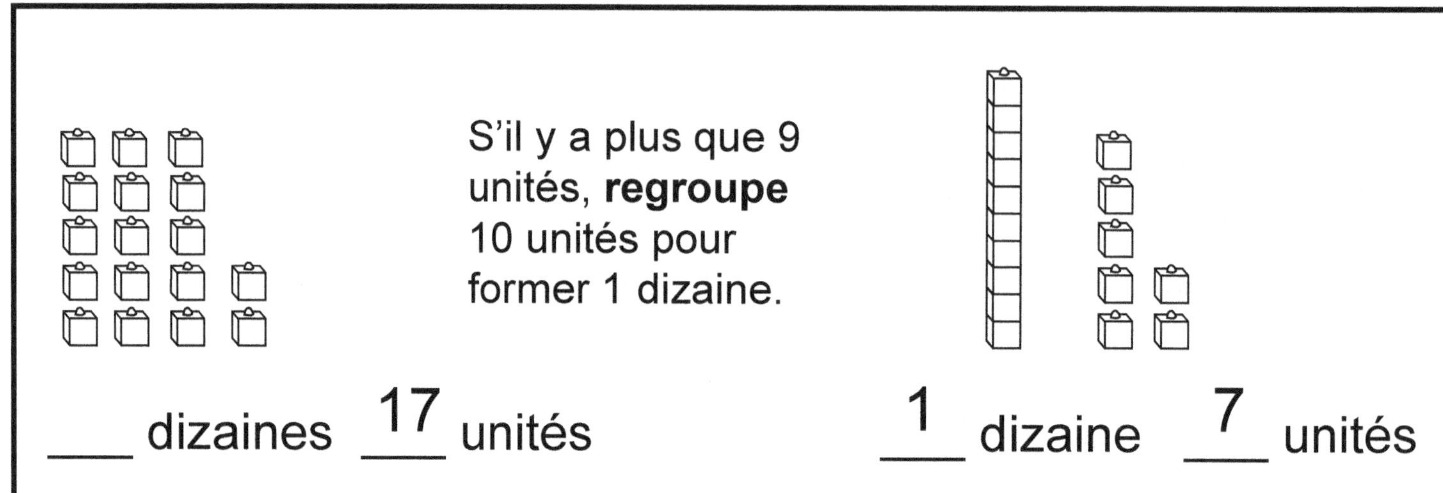

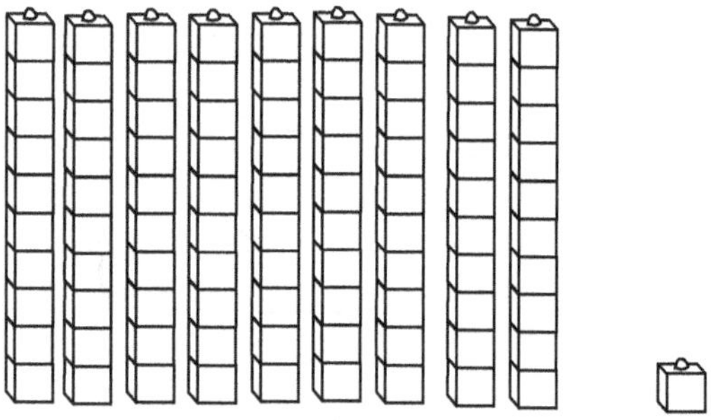

___ dizaines ___ unités

___ dizaines ___ unités



© Chalkboard Publishing

# Exerce-toi à regrouper des unités en dizaines (suite)

Compte et regroupe les unités pour former des dizaines.

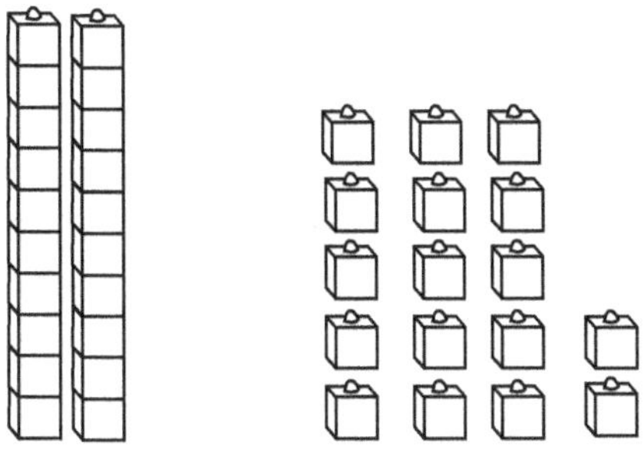

regroupe

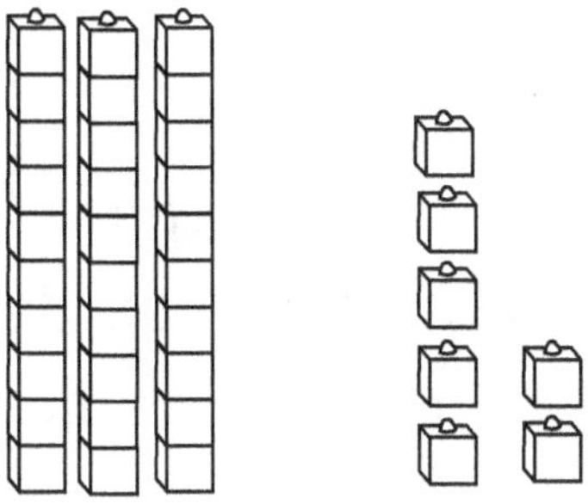

___ dizaines ___ unités      ___ dizaines ___ unités

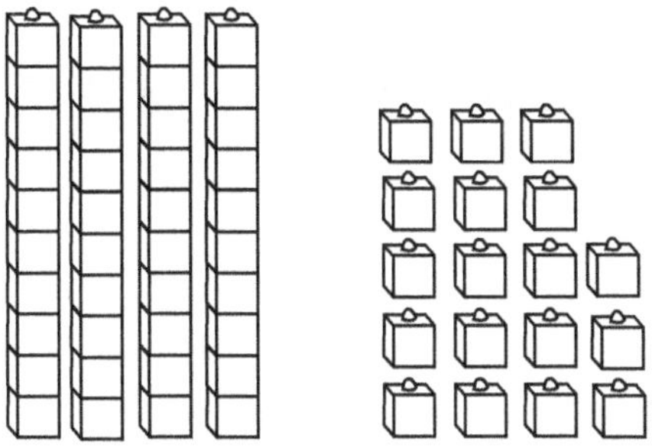

regroupe

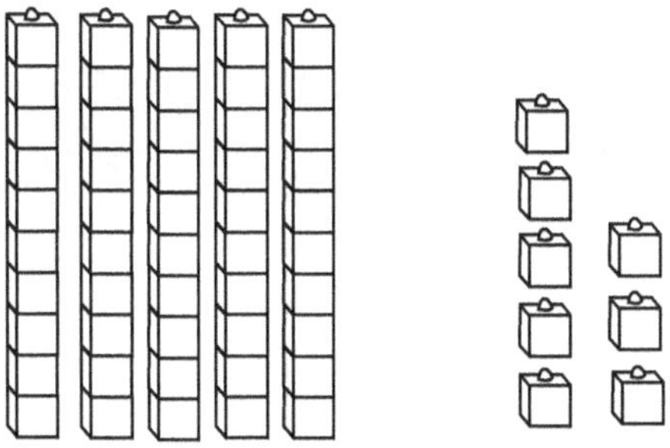

___ dizaines ___ unités      ___ dizaines ___ unités

regroupe

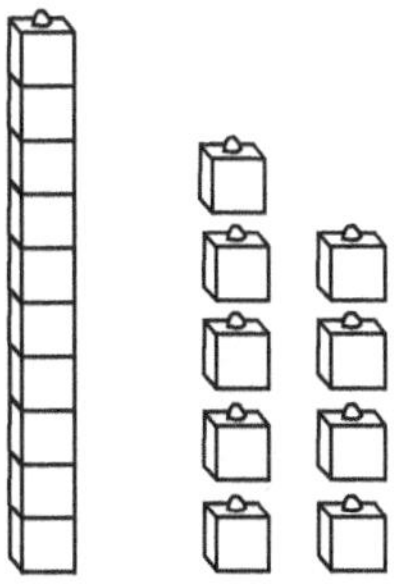

___ dizaines ___ unités      ___ dizaine ___ unités

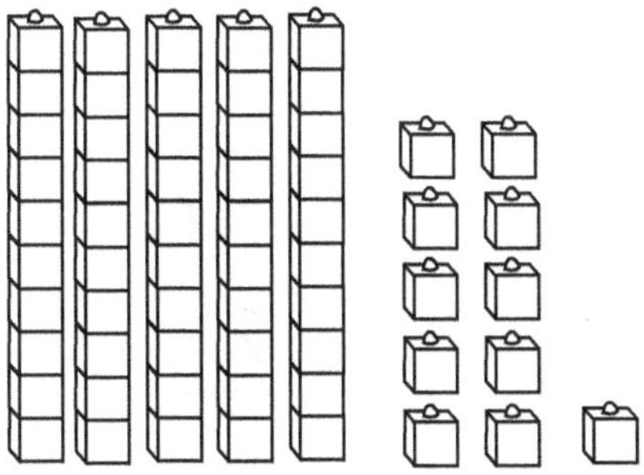

regroupe

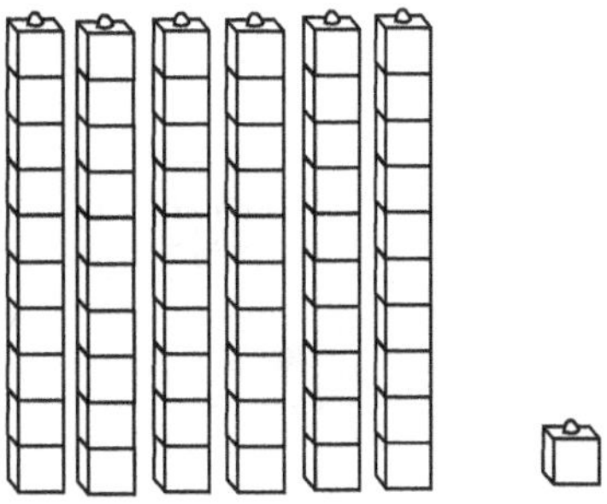

___ dizaines ___ unités      ___ dizaines ___ unités

© Chalkboard Publishing

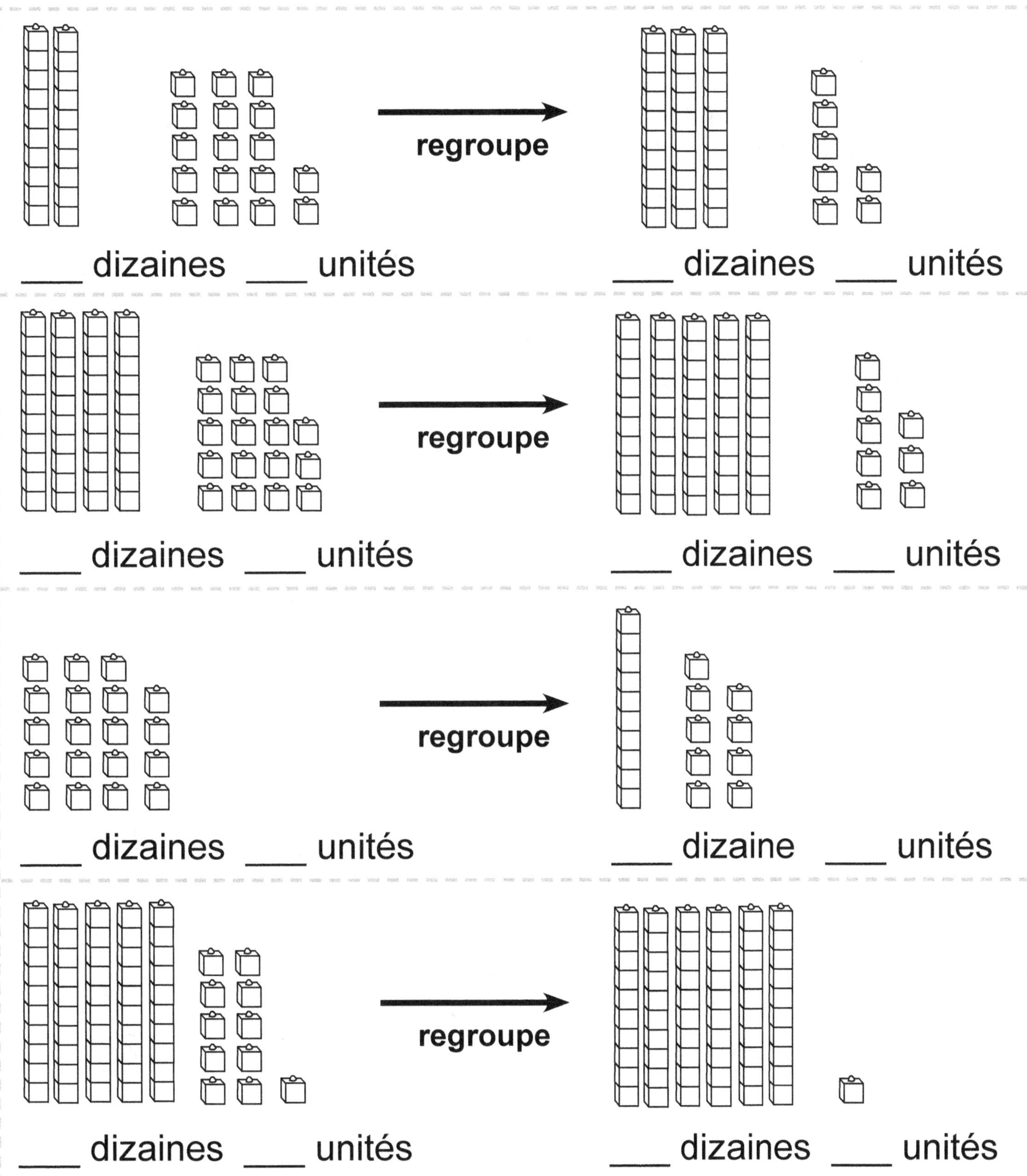

# Soustraction à 2 chiffres avec regroupement

Aligne les unités ensemble et les dizaines ensemble.
Soustrais les unités.
Donc, échange 1 dizaine dans la colonne des dizaines pour 10 unités dans la colonne des unités.
Maintenant, il y a 12 unités.
Écris les unités.
Puis, écris les dizaines.

| dizaines | unités |
|---|---|
| 3 | 12 |
| ~~4~~ | ~~2~~ |
| − 3 | 9 |
| | 3 |

Utilise un tableau pour diviser les dizaines et les unités. Surligne en jaune la colonne des unités et en orange la colonne des dizaines.

| | | | | |
|---|---|---|---|---|
| 63 − 25 | 32 − 16 | 62 − 24 | 41 − 33 | 25 − 17 |
| 85 − 18 | 62 − 25 | 81 − 54 | 53 − 27 | 31 − 12 |
| 84 − 46 | 93 − 26 | 94 − 65 | 71 − 14 | 30 − 29 |


© Chalkboard Publishing

# Soustraction à 2 chiffres avec regroupement (suite)

Utilise un tableau pour diviser les dizaines et les unités. Surligne en jaune la colonne des unités et en orange la colonne des dizaines.

| | | | | |
|---|---|---|---|---|
| 55 − 27 | 60 − 33 | 81 − 54 | 54 − 16 | 90 − 11 |
| 77 − 39 | 86 − 48 | 61 − 34 | 92 − 47 | 42 − 15 |
| 92 − 45 | 71 − 37 | 91 − 55 | 60 − 19 | 41 − 28 |
| 60 − 26 | 93 − 25 | 50 − 11 | 40 − 32 | 31 − 22 |
| 50 − 16 | 83 − 25 | 40 − 21 | 30 − 22 | 71 − 32 |

# Soustraction à 2 chiffres avec regroupement (suite)

Utilise un tableau pour diviser les dizaines et les unités. Surligne en jaune la colonne des unités et en orange la colonne des dizaines.

| | | | | |
|---|---|---|---|---|
| $35 - 19$ | $40 - 17$ | $96 - 19$ | $58 - 29$ | $70 - 36$ |
| $80 - 39$ | $83 - 48$ | $92 - 34$ | $61 - 47$ | $24 - 15$ |
| $91 - 57$ | $72 - 28$ | $91 - 22$ | $60 - 14$ | $53 - 27$ |
| $82 - 33$ | $60 - 21$ | $30 - 16$ | $46 - 29$ | $51 - 17$ |
| $80 - 69$ | $45 - 17$ | $53 - 34$ | $67 - 59$ | $74 - 39$ |


© Chalkboard Publishing

# Qu'est-ce qu'un hamster dans l'espace?

| ___ | ___ | | ___ | ___ | ___ | ___ | ___ | ___ | ___ | ___ | ___ | ___ | ___ |
|---|---|---|---|---|---|---|---|---|---|---|---|---|---|
| 79 | 13 | | 19 | 48 | 59 | 29 | 6 | 23 | 36 | 54 | 74 | 32 | 23 |

| A | B | C | D | E | F |
|---|---|---|---|---|---|
| 67 − 19 | 76 − 27 | 84 − 27 | 50 − 18 | 61 − 38 | 40 − 19 |
| **G** | **H** | **I** | **J** | **K** | **L** |
| 82 − 19 | 48 − 29 | 92 − 18 | 71 − 29 | 20 − 15 | 91 − 29 |
| **M** | **N** | **O** | **P** | **Q** | **R** |
| 86 − 27 | 22 − 9 | 71 − 17 | 73 − 34 | 41 − 29 | 54 − 18 |
| **S** | **T** | **U** | **V** | **Y** | **Z** |
| 32 − 3 | 10 − 4 | 97 − 18 | 21 − 17 | 85 − 16 | 70 − 35 |

**Attention!** Certaines lettres ne sont pas utilisées dans la charade.

© Chalkboard Publishing

# Qu'est-ce qui est jaune et qui attend?

___ ___ ___ ___ ___ ___ ___ ___
69 34 19 39 13 46 39 19

| A | B | C | D | E | F |
|---|---|---|---|---|---|
| 58 − 19 | 76 − 38 | 38 − 29 | 27 − 19 | 36 − 9 | 96 − 17 |

| G | H | I | J | K | L |
|---|---|---|---|---|---|
| 91 − 23 | 65 − 19 | 72 − 36 | 86 − 17 | 43 − 17 | 55 − 18 |

| M | N | O | P | Q | R |
|---|---|---|---|---|---|
| 12 − 5 | 33 − 14 | 52 − 18 | 90 − 72 | 72 − 25 | 83 − 34 |

| S | T | U | V | W | X |
|---|---|---|---|---|---|
| 61 − 46 | 50 − 37 | 31 − 17 | 47 − 19 | 40 − 29 | 46 − 29 |

**Attention!** Certaines lettres ne sont pas utilisées dans la charade.


© Chalkboard Publishing

## Que dit une tasse dans un ascenseur?

| ___ ___ | ___ ___ ___ ___ | ___ ___ ___ | ___ ___ ___ |
|---|---|---|---|
| 28 48 | 59 48 16 69 | 17 7 18 | 39 3 26 |

| A | B | C | E | F | G |
|---|---|---|---|---|---|
| 92 − 59 | 80 − 67 | 36 − 27 | 64 − 16 | 41 − 12 | 26 − 18 |
| **H** | **I** | **J** | **K** | **L** | **M** |
| 11 − 8 | 70 − 27 | 87 − 59 | 91 − 42 | 73 − 38 | 63 − 46 |
| **N** | **O** | **P** | **Q** | **R** | **S** |
| 20 − 2 | 20 − 13 | 81 − 14 | 63 − 25 | 43 − 16 | 96 − 39 |
| **T** | **U** | **V** | **W** | **X** | **É** |
| 84 − 45 | 74 − 58 | 75 − 16 | 56 − 37 | 97 − 28 | 65 − 39 |

**Attention!** Certaines lettres ne sont pas utilisées dans la charade.

© Chalkboard Publishing

# Association de soustractions

Associe la soustraction à sa réponse.

| | | |
|---|---|---|
| 57 − 31 | 38 | 87 − 56 |
| 96 − 58 | 9 | 67 − 10 |
| 85 − 54 | 31 | 59 − 21 |
| 28 − 19 | 41 | 98 − 74 |
| 79 − 22 | 26 | 71 − 64 |
| 42 − 35 | 7 | 23 − 14 |
| 89 − 48 | 24 | 93 − 52 |
| 84 − 60 | 57 | 43 − 17 |


© Chalkboard Publishing

# Soustraction à 3 chiffres sans regroupement

Aligne les unités ensemble et les dizaines ensemble.

Premièrement, soustrais les unités ensemble.

| centaines | dizaines | unités |
| --- | --- | --- |
| 4 | 8 | 7 |
| − 1 | 4 | 4 |
| | | 3 |

Ensuite, soustrais les dizaines ensemble.

| centaines | dizaines | unités |
| --- | --- | --- |
| 4 | 8 | 7 |
| − 1 | 4 | 4 |
| | 4 | 3 |

Ensuite, soustrais les centaines ensemble.

| centaines | dizaines | unités |
| --- | --- | --- |
| 4 | 8 | 7 |
| − 1 | 4 | 4 |
| 3 | 4 | 3 |

Utilise un tableau pour diviser les dizaines et les unités. Surligne en jaune la colonne des unités, en orange la colonne des dizaines et en vert la colonne des centaines.

centaines dizaines unités

| | | | | |
| --- | --- | --- | --- | --- |
| 3 5 8 | 6 7 8 | 5 6 7 | 2 7 4 | 9 8 5 |
| − 2 2 2 | − 2 4 3 | − 4 6 3 | − 1 2 0 | − 3 1 2 |

| | | | | |
| --- | --- | --- | --- | --- |
| 4 4 4 | 6 9 6 | 7 9 9 | 2 4 3 | 5 6 8 |
| − 1 2 3 | − 4 0 3 | − 3 7 2 | − 2 2 3 | − 5 1 4 |

| | | | | |
| --- | --- | --- | --- | --- |
| 7 6 2 | 7 6 7 | 4 2 5 | 2 7 9 | 9 3 9 |
| − 5 2 0 | − 3 5 6 | − 3 2 0 | − 1 6 5 | − 8 0 9 |

| | | | | |
| --- | --- | --- | --- | --- |
| 4 8 6 | 9 8 8 | 3 9 8 | 5 4 3 | 4 3 6 |
| − 2 5 | − 8 5 4 | − 3 7 7 | − 4 2 1 | − 2 3 0 |

© Chalkboard Publishing

# Soustraction à 3 chiffres sans regroupement (suite)

Utilise un tableau de centaines, dizaines et unités pour soustraire.

centaines dizaines unités

| | | | | |
|---|---|---|---|---|
| 247 − 244 | 836 − 333 | 769 − 134 | 128 − 128 | 692 − 421 |
| 567 − 350 | 634 − 232 | 987 − 456 | 273 − 151 | 564 − 562 |
| 324 − 213 | 442 − 340 | 457 − 427 | 329 − 123 | 765 − 664 |
| 567 − 234 | 198 − 134 | 999 − 343 | 877 − 825 | 899 − 126 |

## Gymnastique mentale

Soustrais 573 - 123. Laisse les traces de ta démarche.



© Chalkboard Publishing

# Quel animal peut voir dans l'avenir?

| ___ ___ | ___ ___ ___ ___ ___ | ___ ___ | ___ ___ ___ ___ ___ ___ ___ |
|---|---|---|---|
| 211 353 | 311 222 701 211 220 | 540 220 | 325 404 173 62 543 353 211 |

| | | | | | |
|---|---|---|---|---|---|
| **A**<br>453<br>− 100 | **B**<br>552<br>− 421 | **C**<br>978<br>− 653 | **D**<br>667<br>− 127 | **E**<br>861<br>− 641 | **F**<br>999<br>− 469 |
| **G**<br>767<br>− 302 | **H**<br>444<br>− 202 | **I**<br>498<br>− 325 | **J**<br>346<br>− 223 | **K**<br>276<br>− 31 | **L**<br>583<br>− 372 |
| **M**<br>959<br>− 147 | **N**<br>214<br>− 113 | **O**<br>335<br>− 113 | **P**<br>716<br>− 405 | **Q**<br>789<br>− 665 | **R**<br>635<br>− 231 |
| **S**<br>172<br>− 110 | **T**<br>884<br>− 341 | **U**<br>841<br>− 140 | **V**<br>997<br>− 830 | **W**<br>625<br>− 312 | **Y**<br>528<br>− 222 |

**Attention!** Certaines lettres ne sont pas utilisées dans la charade.

© Chalkboard Publishing

Charade mathématique : les soustractions à 3 chiffres sans regroupement

# Quelle forme de maison fait le plus peur aux enfants?

___ ___ | ___ ___ ___ ___ ___ ___ | ___ ___ | ___

236 127 | 341 127 124 332 642 204 | 211 353 | 311

| | | | | | |
|---|---|---|---|---|---|
| **A**<br>329<br>– 202 | **B**<br>332<br>– 120 | **C**<br>821<br>– 321 | **D**<br>963<br>– 433 | **E**<br>255<br>– 152 | **F**<br>149<br>– 138 |
| **G**<br>564<br>– 153 | **H**<br>658<br>– 243 | **I**<br>674<br>– 550 | **J**<br>823<br>– 111 | **K**<br>414<br>– 101 | **L**<br>478<br>– 242 |
| **M**<br>763<br>– 422 | **N**<br>517<br>– 313 | **O**<br>785<br>– 143 | **P**<br>887<br>– 752 | **Q**<br>948<br>– 521 | **R**<br>832<br>– 412 |
| **S**<br>934<br>– 602 | **T**<br>471<br>– 360 | **U**<br>596<br>– 431 | **V**<br>796<br>– 274 | **W**<br>685<br>– 461 | **X**<br>992<br>– 161 |

**Attention!** Certaines lettres ne sont pas utilisées dans la charade.


© Chalkboard Publishing

# Soustraction à 3 chiffres avec regroupement

Aligne les unités ensemble et les dizaines ensemble.
Soustrais les unités.

Échange 1 centaine de la colonne des centaines pour 10 dizaines dans la colonne des dizaines.
Soustrais les dizaines.
Puis, soustrais les centaines.

| | centaines | dizaines | unités |
|---|---|---|---|
| | 5 | 14 | |
| | ~~6~~ | ~~4~~ | 6 |
| − | 3 | 8 | 3 |
| | 2 | 6 | 3 |

Tu ne peux pas soustraire 8 de 4. Donc, échange 1 centaine pour 10 dizaines. Maintenant, il y a 14 dizaines.

Utilise un tableau pour diviser les dizaines et les unités. Surligne en jaune la colonne des unités, en orange la colonne des dizaines et en vert la colonne des centaines.

centaines dizaines unités

| | | | | |
|---|---|---|---|---|
| 836 − 644 | 506 − 341 | 319 − 158 | 727 − 136 | 535 − 170 |
| 607 − 494 | 718 − 183 | 905 − 633 | 713 − 442 | 559 − 276 |
| 858 − 394 | 403 − 153 | 644 − 273 | 915 − 472 | 628 − 356 |

© Chalkboard Publishing

# Soustraction à 3 chiffres avec regroupement (suite)

Utilise un tableau de centaines, dizaines et unités pour soustraire. Tu vas devoir regrouper.

centaines dizaines unités

| | | | | |
|---|---|---|---|---|
| 543 − 216 | 650 − 135 | 781 − 513 | 893 − 439 | 965 − 346 |
| 682 − 424 | 450 − 249 | 964 − 235 | 582 − 138 | 273 − 147 |
| 753 − 314 | 473 − 147 | 665 − 249 | 981 − 442 | 693 − 376 |

Soustrais. Regroupe dans la colonne des dizaines et des centaines.

| | | | | |
|---|---|---|---|---|
| 808 − 114 | 703 − 433 | 905 − 113 | 759 − 572 | 832 − 661 |
| 275 − 194 | 313 − 182 | 504 − 311 | 427 − 132 | 909 − 111 |



© Chalkboard Publishing

# Soustraction à 3 chiffres avec regroupement (suite)

Utilise un tableau de centaines, dizaines et unités pour soustraire.
Tu vas devoir regrouper les dizaines.

centaines dizaines unités

| | | | | |
|---|---|---|---|---|
| 864 − 316 | 541 − 435 | 642 − 313 | 791 − 159 | 836 − 217 |
| 582 − 129 | 650 − 348 | 763 − 535 | 883 − 638 | 975 − 747 |
| 451 − 114 | 362 − 143 | 381 − 213 | 980 − 332 | 693 − 376 |

Soustrais. Regroupe dans la colonne des dizaines et des centaines.

| | | | | |
|---|---|---|---|---|
| 809 − 225 | 706 − 514 | 905 − 220 | 719 − 623 | 852 − 591 |
| 345 − 194 | 413 − 152 | 804 − 361 | 927 − 472 | 909 − 281 |

© Chalkboard Publishing

# Association de soustractions

Associe la soustraction avec sa réponse.

| | | |
|---|---|---|
| 253 − 140 = 113 | 113 | 698 − 506 |
| 297 − 105 | 60 | 378 − 81 |
| 976 − 39 | 331 | 787 − 520 |
| 880 − 215 | 665 | 951 − 14 |
| 590 − 323 | 267 | 624 − 564 |
| 138 − 78 | 192 | 789 − 124 |
| 679 − 348 | 937 | 686 − 573 |
| 959 − 662 | 297 | 464 − 133 |


© Chalkboard Publishing

# Que commande un squelette au restaurant?

___ ___ ___ | ___ ___ ___ ___ ___

747 72 377 | 91 95 619 72 377

| A | B | C | D | E | F |
|---|---|---|---|---|---|
| 154 − 26 | 295 − 136 | 977 − 886 | 886 − 139 | 104 − 32 | 935 − 327 |
| **G** | **H** | **I** | **J** | **K** | **L** |
| 312 − 205 | 728 − 19 | 530 − 223 | 240 − 111 | 649 − 259 | 343 − 106 |
| **M** | **N** | **O** | **P** | **Q** | **R** |
| 543 − 409 | 366 − 137 | 987 − 892 | 116 − 70 | 416 − 152 | 622 − 431 |
| **S** | **T** | **U** | **V** | **W** | **X** |
| 728 − 351 | 791 − 172 | 567 − 138 | 750 − 135 | 880 − 569 | 849 − 262 |

**Attention!** Certaines lettres ne sont pas utilisées dans la charade.

© Chalkboard Publishing

## Charade mathématique : les soustractions à 3 chiffres avec regroupement

# Que mettent les araignées sur leurs rôties?

___ ___ | ___ ___ ___ ___ ___ ___ |

390 83 | 450 391 83 588 588 391 |

___ ' ___ ___ ___ ___ ___ ___ ___ ___ ___

390 795 588 795 71 190 92 140 390 391

| | | | | | |
|---|---|---|---|---|---|
| **A** 975 − 180 | **B** 811 − 361 | **C** 134 − 63 | **D** 620 − 230 | **E** 539 − 148 | **F** 943 − 751 |
| **G** 562 − 381 | **H** 481 − 291 | **I** 421 − 281 | **J** 748 − 256 | **K** 870 − 590 | **L** 759 − 391 |
| **M** 318 − 92 | **N** 172 − 80 | **O** 334 − 150 | **P** 257 − 173 | **Q** 103 − 81 | **R** 694 − 106 |
| **S** 325 − 152 | **T** 416 − 263 | **U** 254 − 171 | **V** 367 − 295 | **W** 483 − 292 | **X** 552 − 381 |

**Attention!** Certaines lettres ne sont pas utilisées dans la charade.


© Chalkboard Publishing

Charade mathématique : les soustractions à 3 chiffres avec regroupement

# Quel genre de table n'a pas de patte?

___ ___ | ___ ___ ___ ___ ___ | ___ ___

219 359 | 85 359 244 219 235 | 294 235

___ ___ ___ ___ ___ ___ ___ ___ ___ ___ ___ ___ ___ ___

82 433 219 25 522 186 219 7 359 85 25 522 388 285

| | | | | | |
|---|---|---|---|---|---|
| **A**<br>890<br>− 531 | **B**<br>508<br>− 264 | **C**<br>145<br>− 138 | **D**<br>834<br>− 540 | **E**<br>392<br>− 157 | **F**<br>781<br>− 373 |
| **G**<br>565<br>− 348 | **H**<br>235<br>− 126 | **I**<br>704<br>− 182 | **J**<br>673<br>− 459 | **K**<br>125<br>− 17 | **L**<br>456<br>− 237 |
| **M**<br>318<br>− 236 | **N**<br>894<br>− 609 | **O**<br>568<br>− 180 | **P**<br>457<br>− 271 | **Q**<br>990<br>− 363 | **R**<br>645<br>− 529 |
| **S**<br>623<br>− 162 | **T**<br>276<br>− 191 | **U**<br>652<br>− 219 | **V**<br>971<br>− 257 | **W**<br>483<br>− 105 | **X**<br>972<br>− 159 |

**Attention!** Certaines lettres ne sont pas utilisées dans la charade.

© Chalkboard Publishing

## Mini test 1 - Les différences de 0 à 10

| | | | | | | |
|---|---|---|---|---|---|---|
| 10 | 4 | 9 | 5 | 8 | 2 | 6 |
| − 5 | − 2 | − 5 | − 2 | − 2 | − 0 | − 4 |
| 9 | 5 | 6 | 3 | 8 | 10 | 7 |
| − 7 | − 1 | − 3 | − 3 | − 6 | − 4 | − 5 |
| 5 | 1 | 10 | 7 | 5 | 9 | Nombre de bonnes réponses |
| − 3 | − 1 | − 4 | − 3 | − 4 | − 4 | ____ 20 |

## Mini test 2 - Les différences de 0 à 10

| | | | | | | |
|---|---|---|---|---|---|---|
| 10 | 7 | 5 | 8 | 6 | 4 | 3 |
| − 7 | − 2 | − 2 | − 5 | − 1 | − 4 | − 1 |
| 7 | 4 | 6 | 9 | 10 | 5 | 9 |
| − 5 | − 2 | − 5 | − 6 | − 2 | − 5 | − 0 |
| 10 | 5 | 6 | 2 | 7 | 9 | Nombre de bonnes réponses |
| − 4 | − 3 | − 0 | − 2 | − 1 | − 3 | ____ 20 |


© Chalkboard Publishing

## Mini test 3 - Les différences de 0 à 10

| | | | | | | |
|---|---|---|---|---|---|---|
| $10 - 2$ | $4 - 3$ | $9 - 5$ | $5 - 4$ | $8 - 5$ | $2 - 1$ | $6 - 5$ |
| $9 - 9$ | $5 - 3$ | $6 - 4$ | $3 - 2$ | $8 - 7$ | $10 - 9$ | $7 - 2$ |
| $4 - 3$ | $1 - 0$ | $10 - 5$ | $6 - 3$ | $5 - 1$ | $9 - 8$ | Nombre de bonnes réponses ____ / 20 |

## Mini test 4 - Les différences de 0 à 10

| | | | | | | |
|---|---|---|---|---|---|---|
| $10 - 3$ | $7 - 4$ | $5 - 1$ | $8 - 3$ | $9 - 7$ | $4 - 4$ | $3 - 1$ |
| $5 - 2$ | $4 - 2$ | $5 - 5$ | $8 - 6$ | $10 - 5$ | $1 - 1$ | $2 - 0$ |
| $10 - 9$ | $5 - 3$ | $6 - 3$ | $2 - 2$ | $7 - 5$ | $9 - 4$ | Nombre de bonnes réponses ____ / 20 |

## Mini test 5 - Les différences de 0 à 10

| | | | | | | |
|---|---|---|---|---|---|---|
| 10 − 8 | 4 − 2 | 9 − 6 | 5 − 3 | 8 − 2 | 2 − 2 | 6 − 3 |
| 9 − 2 | 5 − 4 | 6 − 5 | 3 − 3 | 8 − 6 | 10 − 6 | 7 − 3 |
| 4 − 2 | 1 − 0 | 10 − 9 | 6 − 2 | 5 − 0 | 9 − 7 | Nombre de bonnes réponses ___ / 20 |

## Mini test 6 - Les différences de 0 à 10

| | | | | | | |
|---|---|---|---|---|---|---|
| 9 − 3 | 8 − 4 | 7 − 1 | 6 − 3 | 5 − 1 | 4 − 3 | 3 − 1 |
| 2 − 2 | 5 − 2 | 6 − 5 | 7 − 6 | 10 − 5 | 1 − 1 | 2 − 0 |
| 8 − 3 | 9 − 7 | 5 − 3 | 4 − 2 | 5 − 4 | 10 − 4 | Nombre de bonnes réponses ___ / 20 |


© Chalkboard Publishing

## Mini test 7 - Les différences de 0 à 10

| | | | | | | |
|---|---|---|---|---|---|---|
| 8 | 10 | 9 | 9 | 8 | 9 | 6 |
| − 4 | − 2 | − 5 | − 3 | − 2 | − 2 | − 3 |
| 8 | 7 | 2 | 8 | 8 | 10 | 7 |
| − 6 | − 4 | − 1 | − 3 | − 1 | − 6 | − 5 |
| 5 | 4 | 10 | 3 | 7 | 9 | Nombre de bonnes réponses |
| − 2 | − 0 | − 7 | − 1 | − 7 | − 7 | ___ / 20 |

## Mini test 8 - Les différences de 0 à 10

| | | | | | | |
|---|---|---|---|---|---|---|
| 6 | 4 | 10 | 8 | 5 | 4 | 3 |
| − 5 | − 3 | − 8 | − 3 | − 3 | − 0 | − 1 |
| 5 | 7 | 6 | 7 | 9 | 9 | 2 |
| − 4 | − 5 | − 3 | − 4 | − 6 | − 1 | − 1 |
| 7 | 6 | 5 | 10 | 8 | 10 | Nombre de bonnes réponses |
| − 6 | − 2 | − 2 | − 7 | − 7 | − 8 | ___ / 20 |

© Chalkboard Publishing

## Mini test 1 - Les différences de 11 à 20

| | | | | | | |
|---|---|---|---|---|---|---|
| 12 − 8 | 11 − 6 | 14 − 5 | 16 − 9 | 13 − 3 | 17 − 9 | 11 − 4 |
| 18 − 9 | 13 − 7 | 12 − 6 | 14 − 7 | 15 − 6 | 11 − 7 | 16 − 6 |
| 20 − 10 | 14 − 9 | 11 − 5 | 19 − 9 | 17 − 7 | 13 − 6 | Nombre de bonnes réponses ____ 20 |

## Mini test 2 - Les différences de 11 à 20

| | | | | | | |
|---|---|---|---|---|---|---|
| 11 − 3 | 17 − 9 | 18 − 5 | 16 − 3 | 15 − 4 | 14 − 2 | 13 − 5 |
| 14 − 4 | 18 − 8 | 19 − 2 | 11 − 8 | 16 − 7 | 12 − 5 | 13 − 9 |
| 15 − 7 | 20 − 2 | 12 − 6 | 14 − 9 | 17 − 8 | 19 − 8 | Nombre de bonnes réponses ____ 20 |


© Chalkboard Publishing

## Mini test 3 - Les différences de 11 à 20

| | | | | | | |
|---|---|---|---|---|---|---|
| 12 | 11 | 14 | 16 | 13 | 17 | 11 |
| – 3 | – 4 | – 3 | – 2 | – 4 | – 3 | – 6 |
| 18 | 13 | 12 | 14 | 15 | 11 | 16 |
| – 4 | – 3 | – 2 | – 1 | – 2 | – 9 | – 8 |
| 20 | 14 | 12 | 19 | 17 | 13 | Nombre de bonnes réponses |
| – 3 | – 8 | – 9 | – 2 | – 1 | – 9 | ___ / 20 |

## Mini test 4 - Les différences de 11 à 20

| | | | | | | |
|---|---|---|---|---|---|---|
| 14 | 17 | 18 | 16 | 15 | 17 | 13 |
| – 5 | – 9 | – 3 | – 3 | – 4 | – 7 | – 8 |
| 12 | 18 | 19 | 11 | 16 | 12 | 20 |
| – 1 | – 1 | – 3 | – 4 | – 9 | – 8 | – 1 |
| 15 | 20 | 12 | 14 | 15 | 19 | Nombre de bonnes réponses |
| – 6 | – 3 | – 4 | – 6 | – 9 | – 9 | ___ / 20 |

## Mini test 5 - Les différences de 11 à 20

| | | | | | | |
|---|---|---|---|---|---|---|
| 14 − 7 | 16 − 8 | 17 − 9 | 18 − 8 | 19 − 4 | 12 − 3 | 13 − 6 |
| 18 − 9 | 13 − 5 | 12 − 8 | 14 − 6 | 15 − 7 | 11 − 4 | 16 − 3 |
| 20 − 2 | 14 − 1 | 11 − 6 | 19 − 3 | 17 − 7 | 13 − 2 | |

Nombre de bonnes réponses

____ / 20

## Mini test 6 - Les différences de 11 à 20

| | | | | | | |
|---|---|---|---|---|---|---|
| 14 − 9 | 17 − 2 | 18 − 2 | 16 − 1 | 15 − 8 | 17 − 9 | 13 − 7 |
| 12 − 9 | 18 − 9 | 19 − 2 | 11 − 5 | 16 − 8 | 12 − 7 | 20 − 2 |
| 15 − 3 | 20 − 1 | 12 − 2 | 14 − 7 | 17 − 8 | 19 − 3 | |

Nombre de bonnes réponses

____ / 20


© Chalkboard Publishing

## Mini test 7 - Les différences de 11 à 20

| | | | | | | |
|---|---|---|---|---|---|---|
| 12 − 5 | 11 − 8 | 14 − 9 | 16 − 1 | 13 − 9 | 17 − 8 | 11 − 2 |
| 18 − 2 | 13 − 7 | 12 − 6 | 14 − 5 | 15 − 5 | 11 − 3 | 16 − 6 |
| 20 − 10 | 14 − 4 | 12 − 3 | 19 − 9 | 17 − 9 | 13 − 8 | Nombre de bonnes réponses ___ / 20 |

## Mini test 8 - Les différences de 11 à 20

| | | | | | | |
|---|---|---|---|---|---|---|
| 14 − 9 | 17 − 10 | 18 − 8 | 16 − 2 | 15 − 4 | 17 − 8 | 13 − 6 |
| 12 − 7 | 18 − 5 | 19 − 2 | 11 − 9 | 14 − 2 | 12 − 4 | 20 − 5 |
| 15 − 9 | 20 − 2 | 12 − 6 | 14 − 3 | 17 − 2 | 19 − 9 | Nombre de bonnes réponses ___ / 20 |

© Chalkboard Publishing

## Mini test 9 - Les différences de 11 à 20

| | | | | | | |
|---|---|---|---|---|---|---|
| 12 − 3 | 11 − 4 | 14 − 3 | 16 − 2 | 13 − 4 | 17 − 3 | 11 − 6 |
| 18 − 4 | 13 − 3 | 12 − 2 | 14 − 1 | 15 − 2 | 11 − 9 | 16 − 8 |
| 20 − 3 | 14 − 8 | 12 − 9 | 19 − 2 | 17 − 1 | 13 − 9 | Nombre de bonnes réponses ___ / 20 |

## Mini test 10 - Les différences de 11 à 20

| | | | | | | |
|---|---|---|---|---|---|---|
| 14 − 7 | 17 − 10 | 18 − 8 | 16 − 8 | 15 − 6 | 17 − 9 | 13 − 4 |
| 12 − 3 | 18 − 2 | 19 − 9 | 11 − 10 | 16 − 7 | 12 − 6 | 20 − 9 |
| 15 − 9 | 20 − 10 | 12 − 2 | 14 − 6 | 17 − 3 | 19 − 10 | Nombre de bonnes réponses ___ / 20 |


© Chalkboard Publishing

## Mini test 1 - Les soustractions à 2 chiffres sans regroupement

| | | | | | | |
|---|---|---|---|---|---|---|
| 56 | 96 | 64 | 86 | 74 | 87 | 97 |
| − 13 | − 24 | − 33 | − 42 | − 54 | − 63 | − 76 |
| 98 | 73 | 62 | 54 | 75 | 89 | 69 |
| − 85 | − 73 | − 51 | − 1 | − 44 | − 29 | − 27 |
| 25 | 78 | 69 | 99 | 87 | 93 | Nombre de bonnes réponses |
| − 13 | − 26 | − 31 | − 42 | − 51 | − 62 | ___ / 20 |

## Mini test 2 - Les soustractions à 2 chiffres sans regroupement

| | | | | | | |
|---|---|---|---|---|---|---|
| 88 | 69 | 78 | 58 | 45 | 37 | 99 |
| − 65 | − 49 | − 50 | − 33 | − 14 | − 37 | − 78 |
| 32 | 78 | 89 | 94 | 76 | 81 | 90 |
| − 20 | − 31 | − 42 | − 53 | − 64 | − 70 | − 80 |
| 78 | 25 | 99 | 89 | 83 | 59 | Nombre de bonnes réponses |
| − 46 | − 13 | − 64 | − 76 | − 52 | − 29 | ___ / 20 |

## Mini test 3 - Les soustractions à 2 chiffres sans regroupement

| | | | | | | |
|---|---|---|---|---|---|---|
| 54 | 96 | 65 | 86 | 79 | 97 | 94 |
| – 13 | – 21 | – 33 | – 32 | – 57 | – 63 | – 73 |
| 97 | 72 | 69 | 53 | 75 | 89 | 69 |
| – 86 | – 72 | – 31 | – 2 | – 40 | – 19 | – 27 |
| 25 | 49 | 59 | 99 | 84 | 96 | |
| – 13 | – 29 | – 31 | – 49 | – 50 | – 62 | |

Nombre de bonnes réponses

_____
20

## Mini test 4 - Les soustractions à 2 chiffres sans regroupement

| | | | | | | |
|---|---|---|---|---|---|---|
| 23 | 97 | 78 | 45 | 19 | 67 | 69 |
| – 12 | – 76 | – 50 | – 31 | – 14 | – 44 | – 58 |
| 57 | 78 | 53 | 60 | 98 | 69 | 32 |
| – 37 | – 63 | – 52 | – 20 | – 16 | – 41 | – 12 |
| 56 | 39 | 24 | 33 | 79 | 54 | |
| – 13 | – 13 | – 22 | – 21 | – 8 | – 22 | |

Nombre de bonnes réponses

_____
20



© Chalkboard Publishing

## Mini test 5 - Les soustractions à 2 chiffres sans regroupement

| | | | | | | |
|---|---|---|---|---|---|---|
| 12 | 76 | 24 | 85 | 54 | 97 | 46 |
| – 11 | – 24 | – 13 | – 44 | – 34 | – 63 | – 26 |
| 58 | 15 | 59 | 96 | 85 | 39 | 78 |
| – 8 | – 12 | – 47 | – 51 | – 41 | – 25 | – 67 |
| 25 | 38 | 64 | 82 | 38 | 95 | |
| – 14 | – 20 | – 33 | – 22 | – 37 | – 51 | |

Nombre de bonnes réponses

____
20

## Mini test 6 - Les soustractions à 2 chiffres sans regroupement

| | | | | | | |
|---|---|---|---|---|---|---|
| 49 | 84 | 71 | 42 | 55 | 68 | 90 |
| – 12 | – 72 | – 50 | – 31 | – 14 | – 44 | – 50 |
| 56 | 75 | 87 | 48 | 37 | 15 | 95 |
| – 45 | – 34 | – 26 | – 20 | – 14 | – 10 | – 12 |
| 49 | 86 | 78 | 59 | 43 | 60 | |
| – 40 | – 21 | – 74 | – 13 | – 32 | – 50 | |

Nombre de bonnes réponses

____
20

## Mini test 7 - Les soustractions à 2 chiffres sans regroupement

| | | | | | | |
|---|---|---|---|---|---|---|
| 76 − 52 | 88 − 24 | 66 − 33 | 87 − 44 | 82 − 30 | 55 − 23 | 43 − 21 |
| 88 − 48 | 96 − 56 | 68 − 67 | 57 − 36 | 35 − 24 | 19 − 5 | 49 − 27 |
| 38 − 24 | 27 − 24 | 77 − 52 | 99 − 48 | 87 − 53 | 93 − 61 | Nombre de bonnes réponses ___ / 20 |

## Mini test 8 - Les soustractions à 2 chiffres sans regroupement

| | | | | | | |
|---|---|---|---|---|---|---|
| 93 − 73 | 87 − 61 | 62 − 40 | 84 − 33 | 59 − 57 | 99 − 79 | 90 − 80 |
| 48 − 36 | 64 − 54 | 86 − 26 | 47 − 20 | 38 − 14 | 17 − 16 | 94 − 42 |
| 93 − 40 | 45 − 21 | 78 − 26 | 87 − 13 | 43 − 32 | 60 − 50 | Nombre de bonnes réponses ___ / 20 |


© Chalkboard Publishing

## Mini test 9 - Les soustractions à 2 chiffres sans regroupement

| | | | | | | |
|---|---|---|---|---|---|---|
| 54 − 4 | 88 − 34 | 69 − 31 | 37 − 14 | 81 − 30 | 55 − 43 | 43 − 1 |
| 59 − 48 | 27 − 10 | 86 − 61 | 53 − 32 | 49 − 24 | 66 − 5 | 81 − 20 |
| 87 − 15 | 49 − 25 | 55 − 20 | 44 − 42 | 67 − 51 | 98 − 66 | Nombre de bonnes réponses ___ / 20 |

## Mini test 10 - Les soustractions à 2 chiffres sans regroupement

| | | | | | | |
|---|---|---|---|---|---|---|
| 74 − 22 | 66 − 65 | 43 − 30 | 57 − 23 | 99 − 57 | 61 − 41 | 60 − 10 |
| 48 − 33 | 64 − 23 | 86 − 12 | 47 − 27 | 32 − 11 | 17 − 13 | 98 − 47 |
| 93 − 50 | 45 − 11 | 78 − 66 | 87 − 25 | 48 − 32 | 60 − 50 | Nombre de bonnes réponses ___ / 20 |

## Mini test 1 - Les soustractions à 2 chiffres avec regroupement

| | | | | | | |
|---|---|---|---|---|---|---|
| 54 | 88 | 66 | 34 | 82 | 55 | 43 |
| – 9 | – 29 | – 38 | – 16 | – 39 | – 47 | – 9 |
| 55 | 20 | 81 | 52 | 44 | 66 | 81 |
| – 49 | – 17 | – 66 | – 33 | – 29 | – 7 | – 29 |
| 86 | 45 | 50 | 72 | 61 | 96 | Nombre de bonnes réponses |
| – 18 | – 29 | – 24 | – 44 | – 57 | – 68 | ____ / 20 |

## Mini test 2 - Les soustractions à 2 chiffres avec regroupement

| | | | | | | |
|---|---|---|---|---|---|---|
| 72 | 75 | 40 | 53 | 96 | 61 | 60 |
| – 24 | – 69 | – 33 | – 27 | – 57 | – 49 | – 16 |
| 42 | 63 | 82 | 91 | 34 | 51 | 97 |
| – 38 | – 24 | – 16 | – 37 | – 19 | – 43 | – 48 |
| 90 | 41 | 76 | 83 | 42 | 60 | Nombre de bonnes réponses |
| – 53 | – 25 | – 58 | – 17 | – 33 | – 59 | ____ / 20 |


© Chalkboard Publishing

## Mini test 3 - Les soustractions à 2 chiffres avec regroupement

| | | | | | | |
|---|---|---|---|---|---|---|
| 94 | 78 | 56 | 47 | 22 | 85 | 93 |
| − 6 | − 39 | − 17 | − 28 | − 15 | − 59 | − 67 |
| 30 | 50 | 86 | 91 | 83 | 75 | 60 |
| − 18 | − 23 | − 47 | − 22 | − 18 | − 7 | − 3 |
| 82 | 41 | 50 | 43 | 64 | 94 | Nombre de bonnes réponses |
| − 53 | − 15 | − 26 | − 29 | − 37 | − 56 | ___ / 20 |

## Mini test 4 - Les soustractions à 2 chiffres avec regroupement

| | | | | | | |
|---|---|---|---|---|---|---|
| 84 | 84 | 60 | 84 | 97 | 60 | 70 |
| − 25 | − 65 | − 32 | − 26 | − 59 | − 41 | − 15 |
| 52 | 78 | 90 | 47 | 53 | 31 | 96 |
| − 34 | − 49 | − 62 | − 29 | − 18 | − 16 | − 57 |
| 21 | 35 | 88 | 55 | 73 | 90 | Nombre de bonnes réponses |
| − 19 | − 28 | − 69 | − 19 | − 35 | − 57 | ___ / 20 |

© Chalkboard Publishing

## Mini test 5 - Les soustractions à 2 chiffres avec regroupement

| | | | | | | |
|---|---|---|---|---|---|---|
| 50 | 42 | 84 | 90 | 52 | 61 | 97 |
| – 31 | – 36 | – 58 | – 28 | – 15 | – 57 | – 69 |
| 75 | 71 | 60 | 21 | 83 | 65 | 80 |
| – 48 | – 22 | – 59 | – 15 | – 14 | – 7 | – 44 |
| 60 | 81 | 45 | 96 | 52 | 90 | |
| – 53 | – 14 | – 38 | – 77 | – 33 | – 62 | |

Nombre de bonnes réponses

____
20

## Mini test 6 - Les soustractions à 2 chiffres avec regroupement

| | | | | | | |
|---|---|---|---|---|---|---|
| 51 | 82 | 40 | 34 | 92 | 83 | 70 |
| – 26 | – 65 | – 34 | – 27 | – 53 | – 47 | – 12 |
| 91 | 87 | 70 | 61 | 52 | 38 | 42 |
| – 14 | – 29 | – 32 | – 49 | – 28 | – 19 | – 27 |
| 84 | 75 | 67 | 51 | 34 | 50 | |
| – 19 | – 29 | – 38 | – 13 | – 25 | – 47 | |

Nombre de bonnes réponses

____
20


© Chalkboard Publishing

## Mini test 7 - Les soustractions à 2 chiffres avec regroupement

| | | | | | | |
|---|---|---|---|---|---|---|
| 70 | 63 | 55 | 46 | 31 | 90 | 88 |
| − 21 | − 36 | − 28 | − 18 | − 15 | − 57 | − 49 |
| 20 | 31 | 84 | 64 | 54 | 91 | 67 |
| − 18 | − 22 | − 59 | − 15 | − 18 | − 7 | − 48 |
| 90 | 42 | 34 | 96 | 90 | 80 | Nombre de bonnes réponses |
| − 53 | − 14 | − 28 | − 77 | − 49 | − 61 | ___ / 20 |

## Mini test 8 - Les soustractions à 2 chiffres avec regroupement

| | | | | | | |
|---|---|---|---|---|---|---|
| 51 | 92 | 40 | 34 | 92 | 83 | 70 |
| − 26 | − 65 | − 34 | − 27 | − 53 | − 45 | − 12 |
| 91 | 67 | 50 | 61 | 82 | 78 | 82 |
| − 34 | − 29 | − 42 | − 59 | − 38 | − 19 | − 67 |
| 94 | 55 | 63 | 40 | 62 | 32 | Nombre de bonnes réponses |
| − 76 | − 29 | − 38 | − 13 | − 25 | − 19 | ___ / 20 |

## Mini test 9 - Les soustractions à 2 chiffres avec regroupement

| | | | | | | |
|---|---|---|---|---|---|---|
| 82 − 68 | 93 − 77 | 66 − 28 | 44 − 18 | 33 − 15 | 91 − 27 | 80 − 19 |
| 73 − 56 | 51 − 48 | 84 − 37 | 62 − 18 | 53 − 16 | 91 − 5 | 77 − 28 |
| 64 − 48 | 52 − 36 | 34 − 15 | 66 − 27 | 90 − 45 | 80 − 22 | Nombre de bonnes réponses ___ / 20 |

## Mini test 10 - Les soustractions à 2 chiffres avec regroupement

| | | | | | | |
|---|---|---|---|---|---|---|
| 41 − 19 | 82 − 44 | 60 − 28 | 34 − 27 | 52 − 28 | 65 − 48 | 81 − 33 |
| 55 − 26 | 70 − 39 | 65 − 58 | 81 − 59 | 71 − 32 | 63 − 18 | 93 − 69 |
| 36 − 17 | 65 − 29 | 95 − 38 | 65 − 16 | 44 − 25 | 32 − 18 | Nombre de bonnes réponses ___ / 20 |


© Chalkboard Publishing

## Mini test 1 - Les soustractions à 3 chiffres sans regroupement

| | | | | | | |
|---|---|---|---|---|---|---|
| 564 − 461 | 782 − 232 | 696 − 385 | 587 − 161 | 482 − 241 | 355 − 34 | 269 − 143 |
| 553 − 132 | 203 − 103 | 897 − 667 | 563 − 332 | 459 − 224 | 687 − 126 | 879 − 231 |
| 286 − 172 | 454 − 203 | 583 − 252 | 479 − 452 | 673 − 240 | 988 − 916 | Nombre de bonnes réponses ____ / 20 |

## Mini test 2 - Les soustractions à 3 chiffres sans regroupement

| | | | | | | |
|---|---|---|---|---|---|---|
| 574 − 222 | 769 − 665 | 642 − 330 | 457 − 143 | 399 − 347 | 869 − 541 | 963 − 651 |
| 248 − 133 | 684 − 283 | 886 − 614 | 597 − 431 | 449 − 104 | 753 − 332 | 998 − 687 |
| 393 − 190 | 245 − 241 | 778 − 755 | 987 − 133 | 843 − 422 | 769 − 110 | Nombre de bonnes réponses ____ / 20 |

## Mini test 3 - Les soustractions à 3 chiffres sans regroupement

| | | | | | | |
|---|---|---|---|---|---|---|
| 996 | 679 | 257 | 348 | 522 | 489 | 793 |
| – 394 | – 238 | – 146 | – 127 | – 210 | – 355 | – 261 |
| 838 | 153 | 687 | 892 | 588 | 277 | 463 |
| – 510 | – 123 | – 146 | – 720 | – 323 | – 114 | – 440 |
| 783 | 945 | 256 | 143 | 668 | 996 | |
| – 542 | – 711 | – 220 | – 22 | – 431 | – 854 | |

Nombre de bonnes réponses

____ / 20

## Mini test 4 - Les soustractions à 3 chiffres sans regroupement

| | | | | | | |
|---|---|---|---|---|---|---|
| 685 | 765 | 362 | 886 | 999 | 561 | 475 |
| – 524 | – 164 | – 131 | – 634 | – 237 | – 530 | – 130 |
| 258 | 979 | 492 | 749 | 658 | 536 | 397 |
| – 134 | – 749 | – 360 | – 227 | – 217 | – 201 | – 206 |
| 869 | 138 | 149 | 259 | 975 | 897 | |
| – 501 | – 120 | – 28 | – 215 | – 453 | – 150 | |

Nombre de bonnes réponses

____ / 20


© Chalkboard Publishing

## Mini test 5 - Les soustractions à 3 chiffres sans regroupement

| | | | | | | |
|---|---|---|---|---|---|---|
| 560<br>– 150 | 448<br>– 316 | 849<br>– 518 | 920<br>– 220 | 557<br>– 315 | 869<br>– 157 | 997<br>– 690 |
| 763<br>– 412 | 766<br>– 242 | 682<br>– 351 | 298<br>– 142 | 865<br>– 244 | 668<br>– 527 | 743<br>– 612 |
| 794<br>– 330 | 853<br>– 441 | 468<br>– 238 | 989<br>– 178 | 568<br>– 533 | 975<br>– 432 | Nombre de bonnes réponses<br>____<br>20 |

## Mini test 6 - Les soustractions à 3 chiffres sans regroupement

| | | | | | | |
|---|---|---|---|---|---|---|
| 536<br>– 21 | 645<br>– 645 | 454<br>– 340 | 387<br>– 174 | 996<br>– 583 | 853<br>– 451 | 756<br>– 145 |
| 934<br>– 131 | 857<br>– 234 | 741<br>– 311 | 639<br>– 412 | 522<br>– 210 | 369<br>– 300 | 871<br>– 221 |
| 896<br>– 131 | 745<br>– 222 | 687<br>– 381 | 577<br>– 143 | 389<br>– 144 | 556<br>– 402 | Nombre de bonnes réponses<br>____<br>20 |

© Chalkboard Publishing

## Mini test 7 - Les soustractions à 3 chiffres sans regroupement

| | | | | | | |
|---|---|---|---|---|---|---|
| 471<br>− 220 | 569<br>− 137 | 758<br>− 425 | 948<br>− 816 | 345<br>− 231 | 297<br>− 150 | 189<br>− 149 |
| 528<br>− 410 | 637<br>− 123 | 889<br>− 674 | 966<br>− 515 | 358<br>− 134 | 297<br>− 201 | 668<br>− 345 |
| 793<br>− 560 | 854<br>− 242 | 438<br>− 124 | 579<br>− 263 | 999<br>− 140 | 681<br>− 560 | Nombre de bonnes réponses<br>____<br>20 |

## Mini test 8 - Les soustractions à 3 chiffres sans regroupement

| | | | | | | |
|---|---|---|---|---|---|---|
| 856<br>− 221 | 365<br>− 264 | 544<br>− 330 | 637<br>− 424 | 796<br>− 253 | 983<br>− 941 | 872<br>− 110 |
| 494<br>− 431 | 579<br>− 247 | 152<br>− 110 | 769<br>− 551 | 688<br>− 142 | 979<br>− 718 | 487<br>− 262 |
| 896<br>− 574 | 359<br>− 125 | 668<br>− 633 | 943<br>− 310 | 765<br>− 320 | 839<br>− 112 | Nombre de bonnes réponses<br>____<br>20 |


© Chalkboard Publishing

## Mini test 9 - Les soustractions à 3 chiffres sans regroupement

| | | | | | | |
|---|---|---|---|---|---|---|
| 489 | 797 | 568 | 348 | 835 | 697 | 989 |
| – 260 | – 373 | – 427 | – 238 | – 513 | – 521 | – 661 |
| 176 | 258 | 587 | 368 | 956 | 894 | 678 |
| – 153 | – 105 | – 134 | – 314 | – 423 | – 321 | – 322 |
| 968 | 756 | 935 | 267 | 995 | 682 | Nombre de bonnes réponses |
| – 354 | – 132 | – 524 | – 226 | – 840 | – 410 | ___ / 20 |

## Mini test 10 - Les soustractions à 3 chiffres sans regroupement

| | | | | | | |
|---|---|---|---|---|---|---|
| 649 | 584 | 868 | 337 | 458 | 968 | 783 |
| – 311 | – 242 | – 120 | – 24 | – 322 | – 245 | – 731 |
| 156 | 679 | 868 | 989 | 772 | 568 | 499 |
| – 125 | – 550 | – 655 | – 451 | – 351 | – 413 | – 463 |
| 337 | 269 | 198 | 667 | 845 | 938 | Nombre de bonnes réponses |
| – 216 | – 165 | – 138 | – 407 | – 324 | – 212 | ___ / 20 |

© Chalkboard Publishing

## Mini test 1 - Les soustractions à 3 chiffres avec regroupement

| | | | | | | |
|---|---|---|---|---|---|---|
| 770 | 636 | 555 | 843 | 354 | 261 | 427 |
| – 421 | – 396 | – 228 | – 418 | – 260 | – 157 | – 155 |
| 375 | 682 | 446 | 423 | 988 | 561 | 929 |
| – 247 | – 453 | – 283 | – 371 | – 393 | – 137 | – 858 |
| 557 | 821 | 770 | 466 | 361 | 535 | Nombre de bonnes réponses |
| – 473 | – 514 | – 141 | – 248 | – 252 | – 107 | ___ / 20 |

## Mini test 2 - Les soustractions à 3 chiffres avec regroupement

| | | | | | | |
|---|---|---|---|---|---|---|
| 727 | 754 | 454 | 831 | 593 | 916 | 860 |
| – 241 | – 294 | – 335 | – 370 | – 567 | – 493 | – 151 |
| 467 | 609 | 824 | 917 | 353 | 560 | 978 |
| – 385 | – 243 | – 184 | – 392 | – 193 | – 435 | – 409 |
| 904 | 415 | 773 | 883 | 421 | 676 | Nombre de bonnes réponses |
| – 454 | – 262 | – 581 | – 147 | – 371 | – 139 | ___ / 20 |


© Chalkboard Publishing

## Mini test 3 - Les soustractions à 3 chiffres avec regroupement

| | | | | | | |
|---|---|---|---|---|---|---|
| 964 | 781 | 555 | 475 | 224 | 855 | 931 |
| – 356 | – 391 | – 172 | – 248 | – 174 | – 593 | – 617 |
| 302 | 506 | 862 | 451 | 830 | 766 | 660 |
| – 152 | – 295 | – 437 | – 270 | – 111 | – 581 | – 223 |
| 842 | 419 | 503 | 436 | 680 | 946 | Nombre de bonnes réponses |
| – 533 | – 154 | – 261 | – 256 | – 312 | – 562 | ____ / 20 |

## Mini test 4 - Les soustractions à 3 chiffres avec regroupement

| | | | | | | |
|---|---|---|---|---|---|---|
| 744 | 642 | 605 | 804 | 971 | 603 | 707 |
| – 254 | –105 | – 321 | – 262 | – 591 | – 412 | – 145 |
| 528 | 718 | 908 | 411 | 573 | 310 | 936 |
| – 345 | – 491 | – 622 | – 290 | – 128 | – 150 | – 576 |
| 214 | 359 | 883 | 554 | 731 | 906 | Nombre de bonnes réponses |
| – 191 | – 279 | – 691 | – 194 | – 303 | – 573 | ____ / 20 |

© Chalkboard Publishing

## Mini test 5 - Les soustractions à 3 chiffres avec regroupement

| | | | | | | |
|---|---|---|---|---|---|---|
| 507 | 432 | 894 | 934 | 572 | 641 | 957 |
| − 316 | − 316 | − 587 | − 28 | − 164 | − 505 | − 629 |
| 753 | 751 | 609 | 228 | 873 | 684 | 806 |
| − 591 | − 202 | − 589 | − 165 | − 14 | − 476 | − 423 |
| 947 | 381 | 545 | 796 | 852 | 690 | Nombre de bonnes réponses |
| − 881 | − 145 | − 327 | − 718 | − 329 | − 642 | ___ / 20 |

## Mini test 6 - Les soustractions à 3 chiffres avec regroupement

| | | | | | | |
|---|---|---|---|---|---|---|
| 544 | 612 | 460 | 324 | 968 | 863 | 719 |
| − 26 | − 604 | − 353 | − 217 | − 570 | − 416 | − 127 |
| 941 | 875 | 706 | 661 | 582 | 389 | 432 |
| − 134 | − 292 | − 325 | − 419 | − 268 | − 190 | − 251 |
| 853 | 715 | 687 | 515 | 374 | 980 | Nombre de bonnes réponses |
| − 109 | − 291 | − 329 | − 130 | − 245 | − 467 | ___ / 20 |



© Chalkboard Publishing

## Mini test 7- Les soustractions à 3 chiffres avec regroupement

| | | | | | | |
|---|---|---|---|---|---|---|
| 546<br>– 273 | 858<br>– 219 | 667<br>– 381 | 347<br>– 164 | 391<br>– 329 | 559<br>– 470 | 423<br>– 119 |
| 858<br>– 519 | 290<br>– 178 | 809<br>– 616 | 525<br>– 306 | 447<br>– 297 | 676<br>– 228 | 817<br>– 209 |
| 856<br>– 138 | 455<br>– 219 | 530<br>– 224 | 451<br>– 404 | 641<br>– 537 | 964<br>– 655 | Nombre de bonnes réponses<br>____<br>20 |

## Mini test 8 - Les soustractions à 3 chiffres avec regroupement

| | | | | | | |
|---|---|---|---|---|---|---|
| 595<br>– 36 | 642<br>– 405 | 450<br>– 314 | 354<br>– 137 | 936<br>– 243 | 873<br>– 45 | 750<br>– 122 |
| 912<br>– 342 | 697<br>– 229 | 520<br>– 413 | 618<br>– 597 | 538<br>– 398 | 768<br>– 139 | 862<br>– 690 |
| 864<br>– 736 | 951<br>– 291 | 453<br>– 308 | 508<br>– 138 | 842<br>– 262 | 722<br>– 119 | Nombre de bonnes réponses<br>____<br>20 |

© Chalkboard Publishing

## Mini test 9 - Les soustractions à 3 chiffres avec regroupement

| | | | | | | |
|---|---|---|---|---|---|---|
| 812 − 681 | 923 − 772 | 664 − 284 | 443 − 18 | 333 − 125 | 986 − 267 | 801 − 191 |
| 735 − 562 | 518 − 488 | 847 − 355 | 629 − 180 | 537 − 176 | 914 − 544 | 797 − 238 |
| 644 − 427 | 592 − 346 | 348 − 154 | 656 − 270 | 905 − 455 | 806 − 223 | Nombre de bonnes réponses ___ / 20 |

## Mini test 10 - Les soustractions à 3 chiffres avec regroupement

| | | | | | | |
|---|---|---|---|---|---|---|
| 451 − 19 | 822 − 404 | 609 − 258 | 364 − 237 | 542 − 218 | 655 − 429 | 871 − 345 |
| 554 − 262 | 735 − 316 | 685 − 568 | 851 − 129 | 781 − 362 | 693 − 188 | 933 − 616 |
| 936 − 417 | 865 − 329 | 708 − 538 | 865 − 106 | 564 − 245 | 492 − 188 | Nombre de bonnes réponses ___ / 20 |


© Chalkboard Publishing

# Ma progression!

## Les soustractions de 0 à 10

| Nombre de bonnes réponses | Test 1 | Test 2 | Test 3 | Test 4 | Test 5 | Test 6 | Test 7 | Test 8 | Test 9 | Test 10 |
|---|---|---|---|---|---|---|---|---|---|---|
| 20 | | | | | | | | | | |
| 19 | | | | | | | | | | |
| 18 | | | | | | | | | | |
| 17 | | | | | | | | | | |
| 16 | | | | | | | | | | |
| 15 | | | | | | | | | | |
| 14 | | | | | | | | | | |
| 13 | | | | | | | | | | |
| 12 | | | | | | | | | | |
| 11 | | | | | | | | | | |
| 10 | | | | | | | | | | |
| 9 | | | | | | | | | | |
| 8 | | | | | | | | | | |
| 7 | | | | | | | | | | |
| 6 | | | | | | | | | | |
| 5 | | | | | | | | | | |
| 4 | | | | | | | | | | |
| 3 | | | | | | | | | | |
| 2 | | | | | | | | | | |
| 1 | | | | | | | | | | |

## Les soustractions de 11 à 20

| Nombre de bonnes réponses | Test 1 | Test 2 | Test 3 | Test 4 | Test 5 | Test 6 | Test 7 | Test 8 | Test 9 | Test 10 |
|---|---|---|---|---|---|---|---|---|---|---|
| 20 | | | | | | | | | | |
| 19 | | | | | | | | | | |
| 18 | | | | | | | | | | |
| 17 | | | | | | | | | | |
| 16 | | | | | | | | | | |
| 15 | | | | | | | | | | |
| 14 | | | | | | | | | | |
| 13 | | | | | | | | | | |
| 12 | | | | | | | | | | |
| 11 | | | | | | | | | | |
| 10 | | | | | | | | | | |
| 9 | | | | | | | | | | |
| 8 | | | | | | | | | | |
| 7 | | | | | | | | | | |
| 6 | | | | | | | | | | |
| 5 | | | | | | | | | | |
| 4 | | | | | | | | | | |
| 3 | | | | | | | | | | |
| 2 | | | | | | | | | | |
| 1 | | | | | | | | | | |

© Chalkboard Publishing

# Ma progression (suite)

## Les soustractions à 2 chiffres sans regroupement

| Nombre de bonnes réponses | Test 1 | Test 2 | Test 3 | Test 4 | Test 5 | Test 6 | Test 7 | Test 8 | Test 9 | Test 10 |
|---|---|---|---|---|---|---|---|---|---|---|
| 20 | | | | | | | | | | |
| 19 | | | | | | | | | | |
| 18 | | | | | | | | | | |
| 17 | | | | | | | | | | |
| 16 | | | | | | | | | | |
| 15 | | | | | | | | | | |
| 14 | | | | | | | | | | |
| 13 | | | | | | | | | | |
| 12 | | | | | | | | | | |
| 11 | | | | | | | | | | |
| 10 | | | | | | | | | | |
| 9 | | | | | | | | | | |
| 8 | | | | | | | | | | |
| 7 | | | | | | | | | | |
| 6 | | | | | | | | | | |
| 5 | | | | | | | | | | |
| 4 | | | | | | | | | | |
| 3 | | | | | | | | | | |
| 2 | | | | | | | | | | |
| 1 | | | | | | | | | | |

## Les soustractions à 2 chiffres avec regroupement

| Nombre de bonnes réponses | Test 1 | Test 2 | Test 3 | Test 4 | Test 5 | Test 6 | Test 7 | Test 8 | Test 9 | Test 10 |
|---|---|---|---|---|---|---|---|---|---|---|
| 20 | | | | | | | | | | |
| 19 | | | | | | | | | | |
| 18 | | | | | | | | | | |
| 17 | | | | | | | | | | |
| 16 | | | | | | | | | | |
| 15 | | | | | | | | | | |
| 14 | | | | | | | | | | |
| 13 | | | | | | | | | | |
| 12 | | | | | | | | | | |
| 11 | | | | | | | | | | |
| 10 | | | | | | | | | | |
| 9 | | | | | | | | | | |
| 8 | | | | | | | | | | |
| 7 | | | | | | | | | | |
| 6 | | | | | | | | | | |
| 5 | | | | | | | | | | |
| 4 | | | | | | | | | | |
| 3 | | | | | | | | | | |
| 2 | | | | | | | | | | |
| 1 | | | | | | | | | | |


© Chalkboard Publishing

# Ma progression (suite)

## Les soustractions à 3 chiffres sans regroupement

| Nombre de bonnes réponses | Test 1 | Test 2 | Test 3 | Test 4 | Test 5 | Test 6 | Test 7 | Test 8 | Test 9 | Test 10 |
|---|---|---|---|---|---|---|---|---|---|---|
| 20 | | | | | | | | | | |
| 19 | | | | | | | | | | |
| 18 | | | | | | | | | | |
| 17 | | | | | | | | | | |
| 16 | | | | | | | | | | |
| 15 | | | | | | | | | | |
| 14 | | | | | | | | | | |
| 13 | | | | | | | | | | |
| 12 | | | | | | | | | | |
| 11 | | | | | | | | | | |
| 10 | | | | | | | | | | |
| 9 | | | | | | | | | | |
| 8 | | | | | | | | | | |
| 7 | | | | | | | | | | |
| 6 | | | | | | | | | | |
| 5 | | | | | | | | | | |
| 4 | | | | | | | | | | |
| 3 | | | | | | | | | | |
| 2 | | | | | | | | | | |
| 1 | | | | | | | | | | |

## Les soustractions à 3 chiffres avec regroupement

| Nombre de bonnes réponses | Test 1 | Test 2 | Test 3 | Test 4 | Test 5 | Test 6 | Test 7 | Test 8 | Test 9 | Test 10 |
|---|---|---|---|---|---|---|---|---|---|---|
| 20 | | | | | | | | | | |
| 19 | | | | | | | | | | |
| 18 | | | | | | | | | | |
| 17 | | | | | | | | | | |
| 16 | | | | | | | | | | |
| 15 | | | | | | | | | | |
| 14 | | | | | | | | | | |
| 13 | | | | | | | | | | |
| 12 | | | | | | | | | | |
| 11 | | | | | | | | | | |
| 10 | | | | | | | | | | |
| 9 | | | | | | | | | | |
| 8 | | | | | | | | | | |
| 7 | | | | | | | | | | |
| 6 | | | | | | | | | | |
| 5 | | | | | | | | | | |
| 4 | | | | | | | | | | |
| 3 | | | | | | | | | | |
| 2 | | | | | | | | | | |
| 1 | | | | | | | | | | |

© Chalkboard Publishing

# Excellent travail!

Prénom



© Chalkboard Publishing

# Réponses

## 2

**Les différences de 0 à 5**

Compte les blocs, puis fais un X sur celui ou ceux que tu dois soustraire.

| | |
|---|---|
| 4 − 1 = 3 | 4 − 3 = 1 |
| 3 − 2 = 1 | 5 − 3 = 2 |
| 5 − 1 = 4 | 3 − 1 = 2 |
| 5 − 2 = 3 | 4 − 2 = 2 |
| 5 − 4 = 1 | 1 − 1 = 0 |

## 3

**Les différences de 0 à 5 (suite)**

Dessines des cercles, puis fais un X sur celui ou ceux que tu dois soustraire.

| | |
|---|---|
| 4 − 2 = 2 | 5 − 3 = 2 |
| 3 − 1 = 2 | 4 − 3 = 1 |
| 5 − 1 = 4 | 3 − 2 = 1 |
| 4 − 1 = 3 | 5 − 2 = 3 |
| 1 − 1 = 0 | 5 − 4 = 1 |

## 4

**Les différences de 0 à 5 (suite)**

Soustrais, puis colorie les dessins de la bonne couleur en utilisant la légende.

Légende de couleurs
0 - rouge
1 - bleu
2 - vert
3 - orange
4 - mauve
5 - jaune

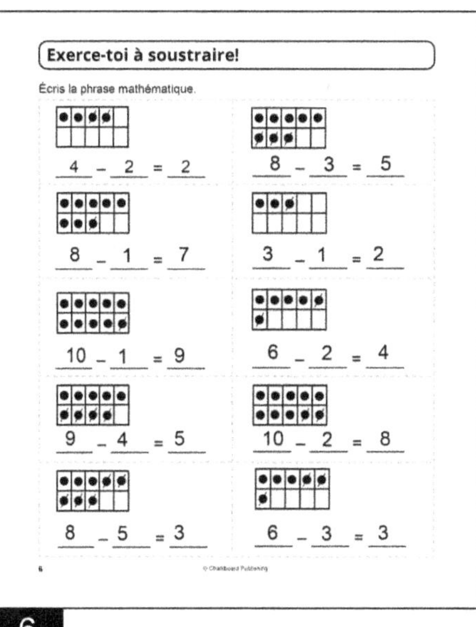

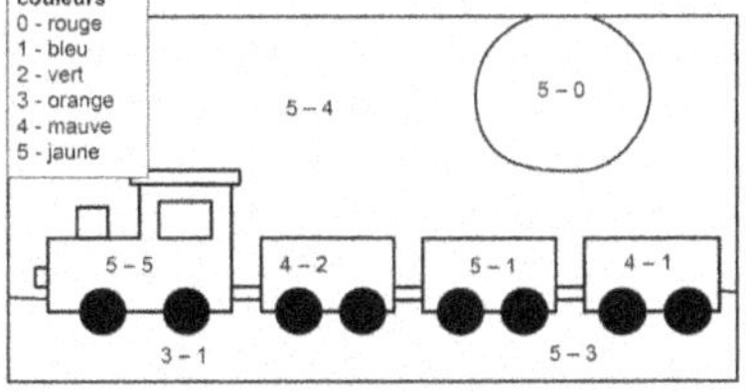


Soustrais.

| | | |
|---|---|---|
| 3 − 3 = 0 | 2 − 1 = 1 | 5 − 4 = 1 |
| 2 − 0 = 2 | 2 − 2 = 0 | 4 − 3 = 1 |
| 3 − 2 = 1 | 1 − 1 = 0 | 4 − 2 = 2 |
| 5 − 2 = 3 | 1 − 0 = 1 | 4 − 4 = 0 |
| 4 − 0 = 4 | 3 − 0 = 3 | 5 − 1 = 4 |

## 5

**Les soustractions de 0 à 5**

Soustrais.

| | | | | |
|---|---|---|---|---|
| 4 − 2 = 2 | 3 − 2 = 1 | 3 − 1 = 2 | 4 − 3 = 1 | 2 − 2 = 0 |
| 5 − 2 = 3 | 5 − 0 = 5 | 1 − 1 = 0 | 2 − 0 = 2 | 5 − 3 = 2 |
| 5 − 1 = 4 | 4 − 0 = 4 | 4 − 4 = 0 | 2 − 1 = 1 | 4 − 3 = 1 |
| 5 − 4 = 1 | 4 − 1 = 3 | 1 − 0 = 1 | 3 − 3 = 0 | 5 − 5 = 0 |

**Gymnastique de cerveau**

5 − 2 − 1 = 2    4 − 3 − 0 = 1

## 6

**Exerce-toi à soustraire!**

Écris la phrase mathématique.

| | |
|---|---|
| 4 − 2 = 2 | 8 − 3 = 5 |
| 8 − 1 = 7 | 3 − 1 = 2 |
| 10 − 1 = 9 | 6 − 2 = 4 |
| 9 − 4 = 5 | 10 − 2 = 8 |
| 8 − 5 = 3 | 6 − 3 = 3 |

## 7

**Exerce-toi! (suite)**

Écris la phrase mathématique.

| | |
|---|---|
| 9 − 6 = 3 | 8 − 4 = 4 |
| 9 − 1 = 8 | 7 − 3 = 4 |
| 6 − 1 = 5 | 8 − 6 = 2 |
| 5 − 2 = 3 | 3 − 2 = 1 |
| 6 − 4 = 2 | 4 − 3 = 1 |

## 8

**Combien de soustractions différentes donnent 10?**

Utilise les grilles de 10 pour montrer différentes manières de soustraire de 10.

| | |
|---|---|
| 10 − 6 = 4 | 10 − 5 = 5 |
| 10 − 7 = 3 | 10 − 4 = 6 |
| 10 − 2 = 8 | 10 − 9 = 1 |
| 10 − 0 = 10 | 10 − 3 = 7 |
| 10 − 1 = 9 | 10 − 8 = 2 |

## 9

**Soustraire 1 ou 2 en comptant à rebours**

| Soustrais 1 en comptant à rebours. | Soustrais 2 en comptant à rebours. |
|---|---|
| 3 − 1 = ____ | 5 − 2 = ____ |
| Compte à rebours à partir du premier chiffre. Compte à voix haute. | Compte à rebours à partir du premier chiffre. Compte à voix haute. |
| 3 2 | 5 4 3 |
| Arrête quand il te reste un seul doigt levé. 3 − 1 = 2 | Arrête quand il te reste 2 doigts levés. 5 − 2 = 3 |

Soustrais en comptant à rebours.

| | |
|---|---|
| 8 − 1 = 7<br>8, 7 | 3 − 2 = 1<br>3, 2, 1 |
| 9 − 1 = 8<br>9, 8 | 7 − 2 = 5<br>7, 6, 5 |
| 4 − 1 = 3<br>4, 3 | 4 − 2 = 2<br>4, 3, 2 |
| 10 − 1 = 9<br>10, 9 | 6 − 2 = 4<br>6, 5, 4 |

## Les soustractions de 0, 1 et 2

Soustrais. N'oublie pas de compter à rebours.

| | | | | |
|---|---|---|---|---|
| 9 − 2 = 7 | 8 − 1 = 7 | 5 − 0 = 5 | 9 − 1 = 8 | 6 − 0 = 6 |
| 10 − 3 = 7 | 6 − 2 = 4 | 9 − 0 = 9 | 2 − 1 = 1 | 4 − 2 = 2 |
| 7 − 1 = 6 | 8 − 0 = 8 | 3 − 0 = 3 | 6 − 1 = 5 | 10 − 2 = 8 |
| 4 − 1 = 3 | 5 − 1 = 4 | 7 − 2 = 5 | 4 − 3 = 1 | 8 − 2 = 6 |
| 3 − 2 = 1 | 7 − 0 = 7 | 2 − 2 = 0 | 1 − 1 = 0 | 3 − 1 = 2 |

10

## Les soustractions de 3, 4 et 5

Soustrais.

| | | | | |
|---|---|---|---|---|
| 6 − 4 = 2 | 9 − 5 = 4 | 4 − 4 = 0 | 8 − 3 = 5 | 7 − 5 = 2 |
| 10 − 3 = 7 | 8 − 4 = 4 | 6 − 5 = 1 | 9 − 4 = 5 | 5 − 5 = 0 |
| 6 − 6 = 0 | 10 − 5 = 5 | 8 − 5 = 3 | 3 − 3 = 0 | 7 − 6 = 1 |
| 10 − 4 = 6 | 7 − 4 = 3 | 9 − 3 = 6 | 4 − 3 = 1 | 5 − 4 = 1 |

**Gymnastique de cerveau**

5 − 2 − 1 = 2    4 − 3 − 0 = 4

11

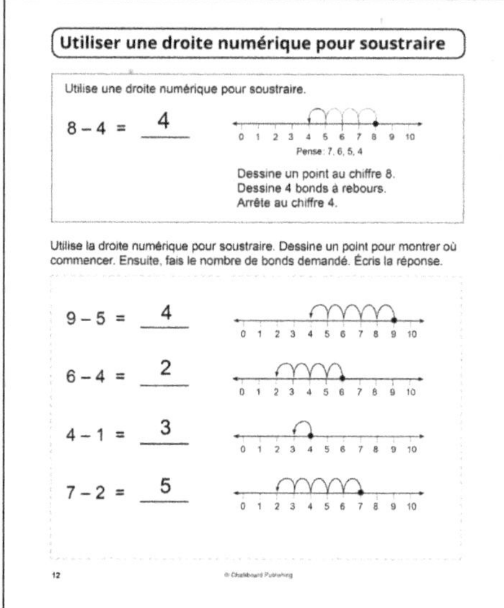

## Utiliser une droite numérique pour soustraire

Utilise une droite numérique pour soustraire.

8 − 4 = 4

Pense : 7, 6, 5, 4

Dessine un point au chiffre 8.
Dessine 4 bonds à rebours.
Arrête au chiffre 4.

Utilise la droite numérique pour soustraire. Dessine un point pour montrer où commencer. Ensuite, fais le nombre de bonds demandé. Écris la réponse.

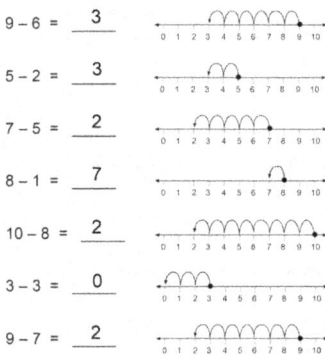

9 − 5 = 4

6 − 4 = 2

4 − 1 = 3

7 − 2 = 5

12

## Utilise une droite numérique pour soustraire (suite)

Utilise la ligne numérique pour soustraire. Dessine un point pour montre où commencer. Ensuite, fais le nombre de bonds demandé. Écris la réponse.

9 − 6 = 3

5 − 2 = 3

7 − 5 = 2

8 − 1 = 7

10 − 8 = 2

3 − 3 = 0

9 − 7 = 2

13

## Charade mathématique : les soustractions de 0 à 10

**Pourquoi les bélugas mâles sont-ils en voie d'exctinction?**

C A R | I L | N Y | A | P A S
0 5 11 | 7 10 | 17 15 | 5 | 14 5 1

A R E E Z | D E | B E L U F I L L E S
5 11 9 9 12 | 13 9 | 4 6 10 8 3 7 10 10 9 1

| | | | |
|---|---|---|---|
| A 9 − 4 = 5 | B 7 − 3 = 4 | C 9 − 9 = 0 | D 13 − 0 = 13 |
| E 9 − 0 = 9 | E 8 − 2 = 6 | F 4 − 1 = 3 | I 9 − 2 = 7 |
| L 10 − 0 = 10 | N 20 − 3 = 17 | P 16 − 2 = 14 | R 12 − 1 = 11 |
| S 3 − 2 = 1 | U 10 − 2 = 8 | U 5 − 3 = 2 | Y 18 − 3 = 15 |
| Z 14 − 2 = 12 | | | |

14

## Construire des phrases mathématiques

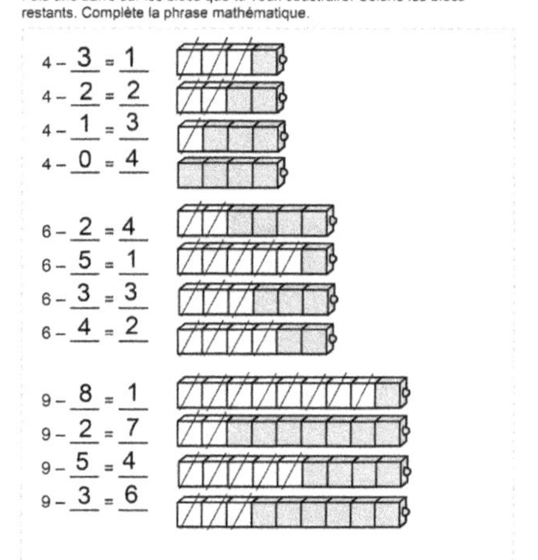

Fais une barre sur les blocs que tu veux soustraire. Colorie les blocs restants. Complète la phrase mathématique.

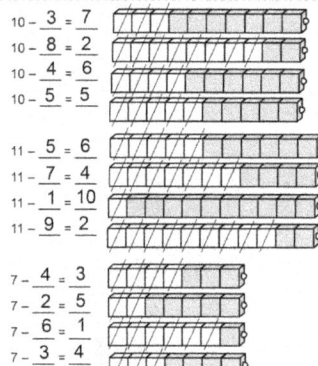

4 − 3 = 1
4 − 2 = 2
4 − 1 = 3
4 − 0 = 4

6 − 2 = 4
6 − 5 = 1
6 − 3 = 3
6 − 4 = 2

9 − 8 = 1
9 − 2 = 7
9 − 5 = 4
9 − 3 = 6

15

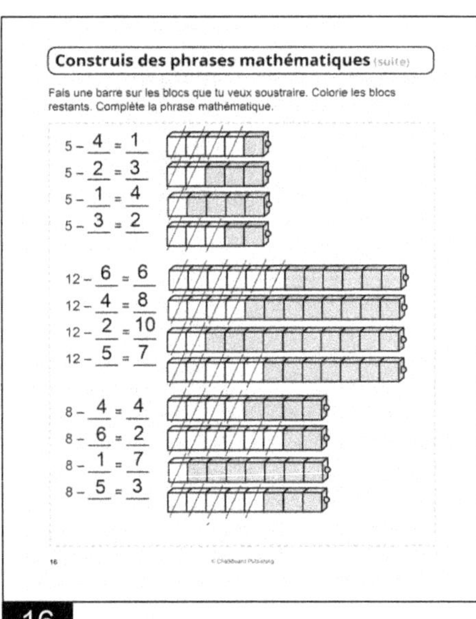

## Construis des phrases mathématiques (suite)

Fais une barre sur les blocs que tu veux soustraire. Colorie les blocs restants. Complète la phrase mathématique.

5 − 4 = 1
5 − 2 = 3
5 − 1 = 4
5 − 3 = 2

12 − 6 = 6
12 − 4 = 8
12 − 2 = 10
12 − 5 = 7

8 − 4 = 4
8 − 6 = 2
8 − 1 = 7
8 − 5 = 3

16

## Construis des phrases mathématiques (suite)

Fais une barre sur les blocs que tu veux soustraire. Colorie les blocs restants. Complète la phrase mathématique.

10 − 3 = 7
10 − 8 = 2
10 − 4 = 6
10 − 5 = 5

11 − 5 = 6
11 − 7 = 4
11 − 1 = 10
11 − 9 = 2

7 − 4 = 3
7 − 2 = 5
7 − 6 = 1
7 − 3 = 4

17

## Les différences de 0 à 12

Soustrais. Utilise la légende pour colorier l'image.

**Légende de couleurs:**
1 - jaune
2 - orange
3 - vert
4 - bleu
5 - rouge
6 - noir
7 - mauve
8 - brun

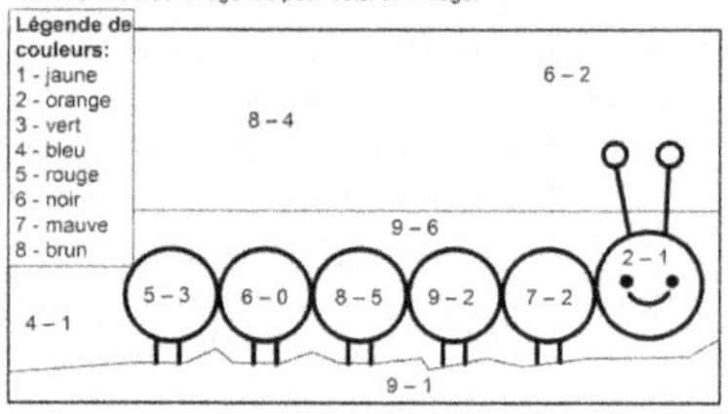


Soustrais.

| | | |
|---|---|---|
| 3 − 3 = 0 | 11 − 8 = 3 | 1 − 0 = 1 |
| 4 − 2 = 2 | 10 − 5 = 5 | 5 − 2 = 3 |
| 7 − 6 = 1 | 4 − 3 = 1 | 6 − 4 = 2 |
| 8 − 2 = 6 | 9 − 5 = 4 | 3 − 1 = 2 |
| 7 − 4 = 3 | 12 − 6 = 6 | 10 − 7 = 3 |

18


© Chalkboard Publishing

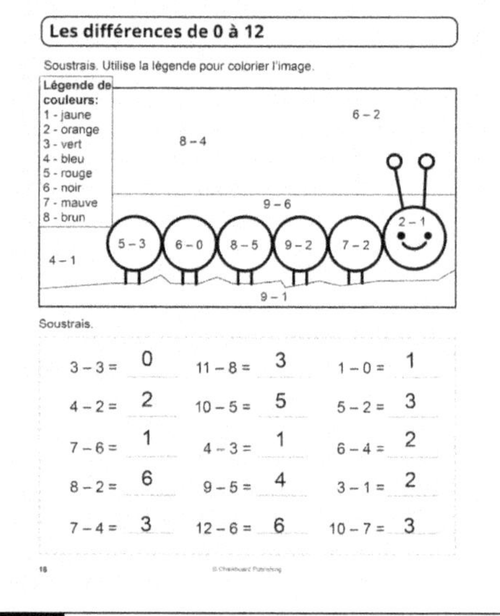

## 19

### Les soustractions de 0 à 10

Associe la phrase mathématique à la bonne réponse.

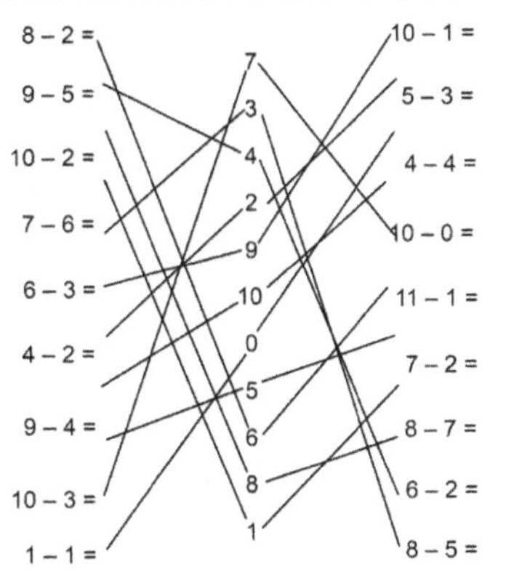


© Chalkboard Publishing 19

## 20

### Nombres manquants : les soustractions de 0 à 12

Trouve les nombres manquants. Utilise la droite numérique pour t'aider.

0 1 2 3 4 5 6 7 8 9 10 11 12

| | | | | |
|---|---|---|---|---|
| [11] − 6 = 5 | 10 − [9] = 1 | 5 − [1] = 4 | [11] − 7 = 4 | 9 − [1] = 8 |
| 9 − [5] = 4 | 11 − [2] = 9 | [5] − 0 = 5 | [9] − 6 = 3 | 13 − [8] = 5 |
| [11] − 10 = 1 | 3 − [1] = 2 | [4] − 4 = 9 | 12 − [6] = 6 | 10 − [5] = 5 |
| 11 − [3] = 8 | 10 − [7] = 3 | [10] − 9 = 1 | [12] − 7 = 5 | 8 − [2] = 6 |

**Gymnastique mentale**

12 − 5 − 2 = 5 10 − 5 − 1 = 4 11 − 6 − 1 = 4

20 © Chalkboard Publishing

## 21

### Charade mathématique : les soustractions de 0 à 12

**Que dit un chat en entrant dans une phramacie?**

A V E Z - V O U S | D U | S I R O P
2 8 3 0 8 13 9 6 | 5 9 | 6 12 1 13 7

E O U R | M A T O U
3 13 9 1 | 4 2 10 13 9

| | | | |
|---|---|---|---|
| A: 9 − 7 = 2 | D: 9 − 4 = 5 | E: 8 − 5 = 3 | I: 12 − 0 = 12 |
| M: 6 − 2 = 4 | O: 16 − 3 = 13 | P: 12 − 5 = 7 | R: 7 − 6 = 1 |
| S: 10 − 4 = 6 | T: 12 − 2 = 10 | U: 10 − 1 = 9 | V: 12 − 4 = 8 |
| Z: 6 − 6 = 0 | | | |

**Attention!**
Certaines lettres ne sont pas utilisées dans la charade.

© Chalkboard Publishing 21

## 22

### Soustraire 1 ou 2 en comptant à rebours

Soustrais en comptant à rebours.

| | |
|---|---|
| 14 − 1 = 13<br>14, 13 | 19 − 2 = 17<br>19, 18, 17 |
| 20 − 1 = 19<br>20, 19 | 14 − 2 = 12<br>14, 13, 12 |
| 16 − 1 = 15<br>16, 15 | 20 − 2 = 18<br>20, 19, 18 |
| 15 − 1 = 14<br>15, 14 | 18 − 2 = 16<br>18, 17, 16 |
| 19 − 1 = 18<br>19, 18 | 13 − 2 = 11<br>13, 12, 11 |
| 17 − 1 = 16<br>17, 16 | 15 − 2 = 13<br>15, 14, 13 |
| 13 − 1 = 12<br>13, 12 | 16 − 2 = 14<br>16, 15, 14 |

22 © Chalkboard Publishing

## 23

### Regrouper 10 unités pour soustraire.

Regroupe 10 unités pour t'aider à soustraire.
Puis, soustrais.

| | |
|---|---|
| 12 − 9 =<br>12 − 9 = 13 − 10 = 3<br>Je sais que 9 + 1 = 10.<br>Donc, j'ajoute 1 à chaque nombre.<br>Ensuite, je soustrais pour trouver la réponse. | 14 − 8 =<br>14 − 8 = 16 − 10 = 6<br>J'ajoute 2 à chaque nombre. |
| 17 − 6 =<br>17 − 6 = 21 − 10 = 11<br>J'ajoute 4 à chaque nombre. | 19 − 6 =<br>19 − 6 = 23 − 10 = 13<br>J'ajoute 4 à chaque nombre. |
| 18 − 7 =<br>18 − 7 = 21 − 10 = 11<br>J'ajoute 3 à chaque nombre. | 13 − 9 =<br>13 − 9 = 14 − 10 = 4<br>J'ajoute 1 à chaque nombre. |
| 15 − 7 =<br>15 − 7 = 18 − 10 = 8<br>J'ajoute 3 à chaque nombre. | 16 − 7 =<br>16 − 7 = 19 − 10 = 9<br>J'ajoute 3 à chaque nombre. |

© Chalkboard Publishing 23

## 24

### Soustraire 7, 8 ou 9, de 11 à 20

Trouve les différences. Tu peux compter à rebours pour t'aider.

| | | | | |
|---|---|---|---|---|
| 15 − 7 = [8] | 13 − 8 = [5] | 17 − 9 = [8] | 19 − 8 = [11] | 20 − 8 = [12] |
| 17 − 7 = [10] | 11 − 8 = [3] | 15 − 9 = [6] | 20 − 7 = [13] | 12 − 8 = [4] |
| 14 − 9 = [5] | 11 − 7 = [4] | 14 − 8 = [6] | 16 − 9 = [7] | 10 − 9 = [1] |
| 15 − 8 = [7] | 12 − 7 = [5] | 18 − 8 = [10] | 13 − 9 = [4] | 16 − 7 = [9] |
| 12 − 9 = [3] | 19 − 9 = [10] | 16 − 8 = [8] | 14 − 7 = [7] | 11 − 9 = [2] |

24 © Chalkboard Publishing

## 25

### Exerce-toi à soustraire! - Les différences de 11 à 15

Trouve les différences. Tu peux compter à rebours pour t'aider.

| | | | | |
|---|---|---|---|---|
| 13 − 7 = [6] | 12 − 8 = [4] | 14 − 2 = [12] | 15 − 9 = [6] | 11 − 7 = [4] |
| 12 − 9 = [3] | 15 − 0 = [15] | 11 − 6 = [5] | 12 − 3 = [9] | 14 − 4 = [10] |
| 15 − 4 = [11] | 11 − 4 = [7] | 13 − 2 = [11] | 12 − 5 = [7] | 14 − 6 = [8] |
| 14 − 7 = [7] | 12 − 4 = [8] | 13 − 1 = [12] | 15 − 6 = [9] | 11 − 5 = [6] |

**Gymnastique mentale**

14 − 4 − 5 = 5 15 − 9 − 3 = 3

16 − 8 − 6 = 2 20 − 7 − 9 = 4

© Chalkboard Publishing 25

## 26

### Exerce-toi à soustraire! - Les différences de 16 à 20

Trouve les différences. Tu peux compter à rebours pour t'aider.

| | | | | |
|---|---|---|---|---|
| 16 − 7 = [9] | 19 − 9 = [10] | 17 − 9 = [8] | 18 − 8 = [10] | 20 − 10 = [10] |
| 17 − 7 = [10] | 19 − 10 = [9] | 16 − 9 = [7] | 20 − 3 = [17] | 18 − 9 = [9] |
| 16 − 2 = [14] | 19 − 7 = [12] | 17 − 10 = [7] | 16 − 3 = [13] | 10 − 1 = [19] |
| 17 − 8 = [9] | 20 − 2 = [18] | 18 − 2 = [16] | 19 − 3 = [16] | 16 − 4 = [12] |
| 12 − 6 = [12] | 19 − 3 = [16] | 16 − 8 = [8] | 14 − 9 = [15] | 20 − 5 = [15] |

26 © Chalkboard Publishing

## 27

### Exerce-toi à soustraire! - Les différences de 11 à 20

Trouve les différences. Tu peux compter à rebours pour t'aider.

| | | | | |
|---|---|---|---|---|
| 13 − 7 = [6] | 12 − 8 = [4] | 14 − 9 = [5] | 20 − 10 = [10] | 11 − 5 = [6] |
| 17 − 10 = [7] | 19 − 3 = [16] | 16 − 2 = [14] | 18 − 9 = [9] | 15 − 10 = [5] |
| 15 − 2 = [13] | 11 − 8 = [3] | 20 − 2 = [18] | 14 − 7 = [7] | 10 − 9 = [10] |
| 14 − 6 = [8] | 12 − 2 = [10] | 13 − 5 = [8] | 16 − 10 = [6] | 15 − 8 = [7] |

**Gymnastique mentale**

14 − 4 − 5 = 5 19 − 9 − 3 = 7

16 − 8 − 6 = 2 20 − 2 − 9 = 9

© Chalkboard Publishing 27

## 28 — Nombres manquants

Trouve les nombres manquants pour compléter les soustractions. Utilise la droite numérique pour t'aider.

0 1 2 3 4 5 6 7 8 9 10 11 12 13 14 15 16 17 18 19 20

| | | | | |
|---|---|---|---|---|
| 13 − 8 = 5 | 14 − 1 = 13 | 19 − 2 = 17 | 15 − 7 = 8 | 16 − 8 = 8 |
| 13 − 9 = 4 | 18 − 9 = 9 | 20 − 10 = 10 | 15 − 9 = 6 | 13 − 8 = 5 |
| 17 − 10 = 7 | 13 − 2 = 11 | 13 − 4 = 9 | 12 − 6 = 6 | 10 − 5 = 5 |
| 15 − 8 = 7 | 14 − 9 = 5 | 16 − 9 = 7 | 12 − 7 = 5 | 14 − 8 = 6 |

28 © Chalkboard Publishing

## 29 — Charade mathématique : les soustractions de 0 à 20

**Quelle monnaie utilise les poissons?**

LES | SOUS-MARINS
13 18 15 | 15 2 3 15 - 4 20 1 19 12 15

| | | | | |
|---|---|---|---|---|
| A 20 − 0 = 20 | B 17 − 9 = 8 | C 19 − 2 = 17 | D 14 − 7 = 7 | E 18 − 0 = 18 |
| F 10 − 5 = 5 | G 13 − 7 = 6 | H 19 − 3 = 16 | I 20 − 1 = 19 | J 13 − 4 = 9 |
| L 19 − 6 = 13 | M 9 − 5 = 4 | N 14 − 2 = 12 | O 8 − 6 = 2 | P 15 − 4 = 11 |
| R 2 − 1 = 1 | S 19 − 4 = 15 | U 12 − 9 = 3 | W 15 − 5 = 10 | Y 18 − 4 = 14 |

**Attention!** Certaines lettres ne sont pas utilisées dans la charade.

© Chalkboard Publishing 29

## 30 — Les différences de 0 à 20

Soustrais. Utilise la droite numérique pour compter à rebours.

0 1 2 3 4 5 6 7 8 9 10 11 12 13 14 15 16 17 18 19 20

| | | | | |
|---|---|---|---|---|
| 18 − 3 = 15 | 14 − 6 = 8 | 12 − 8 = 4 | 18 − 4 = 14 | 19 − 2 = 17 |
| 10 − 0 = 10 | 13 − 9 = 4 | 11 − 4 = 7 | 15 − 2 = 13 | 20 − 3 = 17 |
| 19 − 9 = 10 | 17 − 2 = 15 | 11 − 6 = 5 | 16 − 8 = 8 | 12 − 11 = 1 |
| 18 − 5 = 13 | 14 − 2 = 12 | 12 − 6 = 6 | 20 − 10 = 10 | 15 − 4 = 11 |

30 © Chalkboard Publishing

## 31 — Soustraire des dizaines

Pense à une soustraction pour soustraire des dizaines.

Trouve 40-20
Pense à 4 - 2 = 2
4 dizaines - 2 dizaines = 2 dizaines

40 – 20 = 20

4 dizaines
2 dizaines

Utilise une soustraction simple pour soustraire les dizaines.

| | |
|---|---|
| 9 − 7 = 2<br>90 − 70 = 20 | 4 − 3 = 1<br>40 − 30 = 10 |
| 5 − 3 = 2<br>50 − 30 = 20 | 7 − 5 = 2<br>70 − 50 = 20 |
| 6 − 4 = 2<br>60 − 40 = 20 | 9 − 6 = 3<br>90 − 60 = 30 |
| 8 − 5 = 3<br>80 − 50 = 30 | 3 − 2 = 1<br>30 − 20 = 10 |

© Chalkboard Publishing 31

## 32 — Utiliser une droite numérique pour soustraire

Utilise la droite numérique pour soustraire. Fais un point à l'endroit où tu commences. Ensuite, compte à rebours en dessinant les bonds. Écris la réponse.

29 − 2 = 27 (20 21 22 23 24 25 26 27 28 29 30)

36 − 3 = 33 (28 29 30 31 32 33 34 35 36 37 38)

48 − 6 = 42 (40 41 42 43 44 45 46 47 48 49 50)

57 − 4 = 53 (50 51 52 53 54 55 56 57 58 59 60)

24 − 5 = 19 (15 16 17 18 19 20 21 22 23 24 25)

32 − 7 = 25 (22 23 24 25 26 27 28 29 30 31 32)

61 − 8 = 53 (53 54 55 56 57 58 59 60 61 62 63)

32 © Chalkboard Publishing

## 33 — Soustraction à 2 chiffres sans regroupement

Aligne les unités ensemble et les dizaines ensemble.

Premièrement, soustrais les unités ensemble. (dizaines | unités: 8 7 − 4 4 = 3)

Ensuite, soustrais les dizaines ensemble. (dizaines | unités: 8 7 − 4 4 = 4 3)

Utilise un tableau pour diviser les dizaines et les unités. Surligne en jaune la colonne des unités et en orange la colonne des dizaines.

| | | | | |
|---|---|---|---|---|
| 78 − 11 = 67 | 97 − 73 = 24 | 28 − 13 = 15 | 71 − 50 = 21 | 33 − 13 = 20 |
| 69 − 45 = 24 | 25 − 14 = 11 | 84 − 53 = 31 | 67 − 34 = 33 | 98 − 64 = 34 |
| 68 − 27 = 41 | 98 − 47 = 51 | 25 − 10 = 15 | 46 − 45 = 1 | 78 − 18 = 60 |
| 86 − 60 = 26 | 74 − 72 = 2 | 99 − 23 = 76 | 89 − 21 = 68 | 53 − 50 = 3 |

© Chalkboard Publishing 33

## 34 — Soustractions à 2 chiffres sans regroupement (suite)

Utilise un tableau pour diviser les dizaines et les unités. Ensuite, soustrais.

| | | | | |
|---|---|---|---|---|
| 58 − 36 = 22 | 77 − 40 = 37 | 34 − 11 = 23 | 46 − 34 = 12 | 28 − 12 = 16 |
| 87 − 52 = 35 | 45 − 44 = 1 | 99 − 25 = 74 | 87 − 34 = 53 | 47 − 20 = 27 |
| 59 − 12 = 47 | 89 − 43 = 46 | 28 − 17 = 11 | 76 − 76 = 0 | 39 − 28 = 11 |
| 67 − 25 = 42 | 86 − 35 = 51 | 94 − 73 = 21 | 53 − 50 = 3 | 59 − 29 = 30 |

**Gymnastique de cerveau**

Utilise des blocs d'unités et des dizaines pour soustraire 37 - 22.

15

34 © Chalkboard Publishing

## 35 — Charade mathématique : les soustractions à 2 chiffres sans regroupement

**Quel est le dessert préféré des araignées?**

LA | MOUCHE | AU
14 25 | 23 42 52 41 31 44 | 25 52

CHOCOLAT
41 31 42 41 42 14 25 71

| | | | | | |
|---|---|---|---|---|---|
| A 49 − 24 = 25 | C 51 − 10 = 41 | D 45 − 15 = 30 | E 98 − 54 = 44 | F 66 − 23 = 43 | G 82 − 31 = 51 |
| H 98 − 67 = 31 | I 55 − 34 = 21 | J 57 − 24 = 33 | K 38 − 18 = 20 | L 77 − 63 = 14 | M 93 − 70 = 23 |
| N 64 − 53 = 11 | O 58 − 16 = 42 | P 75 − 25 = 50 | Q 17 − 5 = 12 | R 39 − 29 = 10 | S 96 − 4 = 92 |
| T 99 − 28 = 71 | U 82 − 30 = 52 | V 86 − 54 = 32 | W 38 − 14 = 24 | X 87 − 27 = 60 | Y 64 − 2 = 62 |

**Attention!** Certaines lettres ne sont pas utilisées dans la charade.

© Chalkboard Publishing 35

## 36 — Charade mathématique : les soustractions à 2 chiffres sans regroupement

**Quelle est l'étoile la plus proche de la terre?**

L'ÉTOILE | DE | MER
70 43 40 12 51 70 42 | 23 42 | 20 42 46

| | | | | | |
|---|---|---|---|---|---|
| A 82 − 71 = 11 | B 97 − 84 = 13 | C 37 − 11 = 26 | D 53 − 30 = 23 | E 65 − 23 = 42 | F 78 − 25 = 53 |
| G 40 − 10 = 30 | H 97 − 76 = 21 | I 91 − 40 = 51 | J 79 − 50 = 29 | K 66 − 42 = 24 | L 82 − 12 = 70 |
| M 43 − 23 = 20 | N 55 − 14 = 41 | O 37 − 25 = 12 | P 14 − 4 = 10 | Q 89 − 62 = 27 | R 96 − 50 = 46 |
| S 49 − 33 = 16 | T 71 − 31 = 40 | U 53 − 52 = 1 | V 64 − 50 = 14 | W 18 − 0 = 18 | É 85 − 42 = 43 |

**Attention!** Certaines lettres ne sont pas utilisées dans la charade.

36 © Chalkboard Publishing


© Chalkboard Publishing

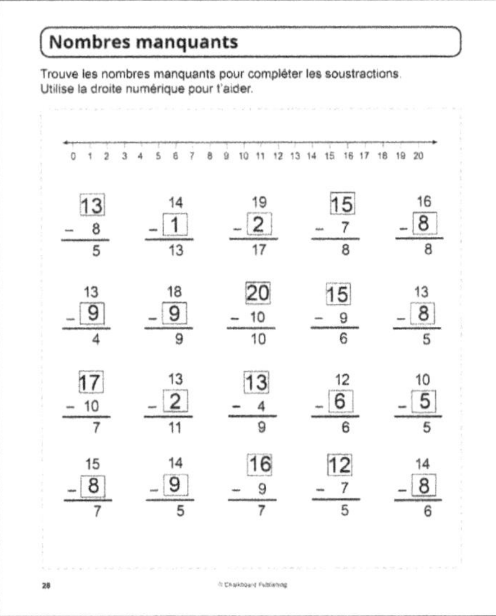

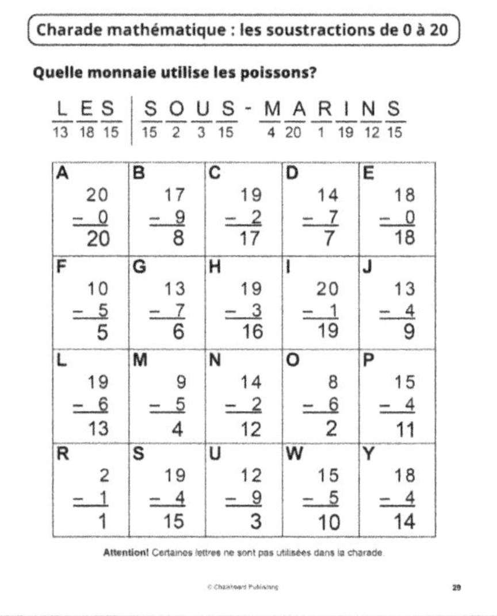

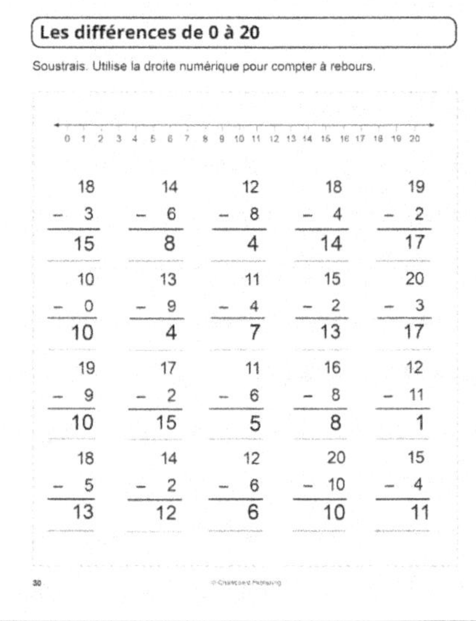

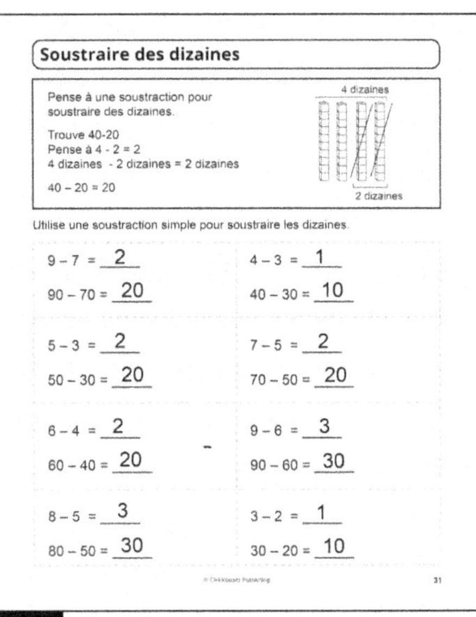

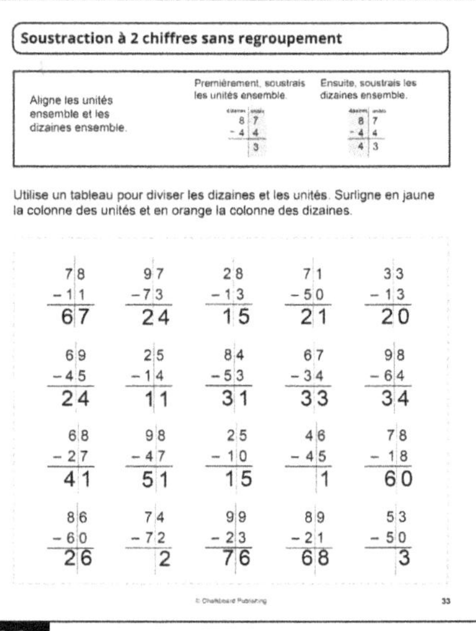

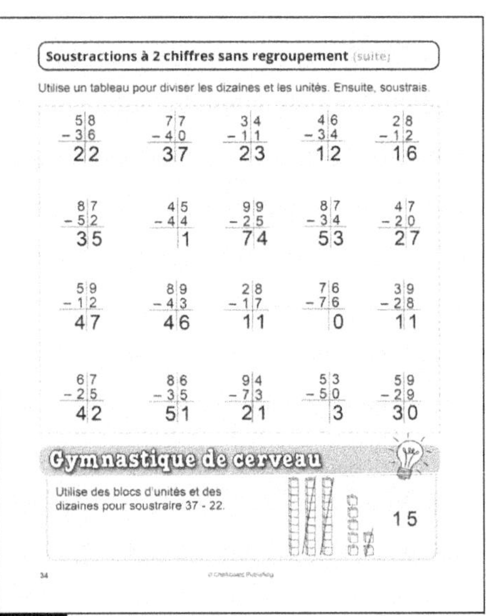

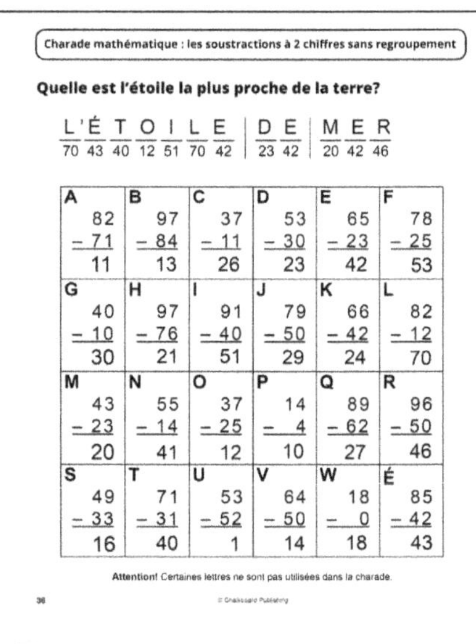

## 37

### Regrouper 20 unités pour soustraire

Regroupe 20 unités pour faciliter le problème. Ensuite, soustrais.

| | |
|---|---|
| 23 – 18 =<br>23 – 18 = **25** – 20 = **5**<br>Je sais que 18 + 2 = 20.<br>Ensuite, je soustrais pour obtenir la réponse. | 38 – 19 =<br>38 – 19 = 39 – 20 = 19<br>Ajoute 1 à chaque nombre. |
| 32 – 16 =<br>32 – 16 = 36 – 20 = 16<br>Ajoute 4 à chaque nombre. | 27 – 17 =<br>27 – 17 = 30 – 20 = 10<br>Ajoute 3 à chaque nombre. |
| 44 – 19 =<br>44 – 19 = 45 – 20 = 25<br>Ajoute 1 à chaque nombre. | 43 – 18 =<br>43 – 18 = 45 – 20 = 25<br>Ajoute 2 à chaque nombre. |
| 31 – 16 =<br>31 – 16 = 35 – 20 = 15<br>Ajoute 4 à chaque nombre. | 36 – 19 =<br>36 – 19 = 37 – 20 = 17<br>Ajoute 1 à chaque nombre. |

© Chalkboard Publishing 37

## 38

### Exerce-toi à regrouper des unités en dizaines

Compte et regroupe les unités pour former des dizaines.

S'il y a plus que 9 unités, **regroupe** 10 unités pour former 1 dizaine.

___ dizaines 17 unités → 1 dizaines 7 unités

5 dizaines 18 unités → regroupe → 6 dizaines 8 unités

7 dizaines 21 unités → regroupe → 9 dizaines 1 unités

38 © Chalkboard Publishing

## 39

### Exerce-toi à regrouper des unités en dizaines (suite)

Compte et regroupe les unités pour former des dizaines.

2 dizaines 17 unités → regroupe → 3 dizaines 7 unités

4 dizaines 18 unités → regroupe → 5 dizaines 8 unités

___ dizaines 19 unités → regroupe → 1 dizaines 9 unités

5 dizaines 11 unités → regroupe → 6 dizaines 1 unités

© Chalkboard Publishing 39

## 40

### Soustraction à 2 chiffres avec regroupement

Aligne les unités ensemble et les dizaines ensemble. Soustrais les unités.
Donc, échange 1 dizaines dans la colonne des dizaines pour 10 unités dans la colonne des unités.
Maintenant, il y a 12 unités.
Écris les unités.
Puis, écris les dizaines.

| dizaines | unités |
|---|---|
| 3 | 12 |
| 4 | 2 |
| – 3 | 9 |
| | 3 |

Utilise un tableau pour diviser les dizaines et les unités. Avec ton surligneur jaune, colorie la colonne des unités. Avec ton surligneur orange, colorie la colonne des dizaines. Complète la soustraction.

| | | | | |
|---|---|---|---|---|
| 63 – 25 = 38 | 32 – 16 = 16 | 62 – 24 = 38 | 41 – 33 = 8 | 25 – 17 = 8 |
| 85 – 18 = 67 | 62 – 25 = 37 | 81 – 54 = 27 | 53 – 27 = 26 | 31 – 12 = 19 |
| 84 – 46 = 38 | 93 – 26 = 67 | 94 – 65 = 29 | 71 – 14 = 57 | 30 – 29 = 1 |

40 © Chalkboard Publishing

## 41

### Soustraction à 2 chiffres avec regroupement (suite)

Utilise un tableau pour diviser les dizaines et les unités. Avec ton surligneur jaune, colorie la colonne des unités. Avec ton surligneur orange, colorie la colonne des dizaines. Complète la soustraction.

| | | | | |
|---|---|---|---|---|
| 55 – 27 = 28 | 60 – 33 = 27 | 81 – 54 = 27 | 54 – 16 = 38 | 90 – 11 = 79 |
| 77 – 39 = 38 | 86 – 48 = 38 | 61 – 34 = 27 | 92 – 47 = 45 | 42 – 15 = 27 |
| 92 – 45 = 47 | 71 – 37 = 34 | 91 – 55 = 36 | 60 – 19 = 41 | 41 – 28 = 13 |
| 60 – 26 = 34 | 93 – 25 = 68 | 50 – 11 = 39 | 40 – 32 = 8 | 31 – 22 = 9 |
| 50 – 16 = 34 | 83 – 25 = 58 | 40 – 21 = 19 | 30 – 22 = 8 | 71 – 32 = 39 |

© Chalkboard Publishing 41

## 42

### Soustraction à 2 chiffres avec regroupement (suite)

Utilise un tableau pour diviser les dizaines et les unités. Avec ton surligneur jaune, colorie la colonne des unités. Avec ton surligneur orange, colorie la colonne des dizaines. Complète la soustraction.

| | | | | |
|---|---|---|---|---|
| 35 – 19 = 16 | 40 – 17 = 23 | 96 – 19 = 77 | 58 – 29 = 29 | 70 – 36 = 34 |
| 80 – 39 = 41 | 83 – 48 = 35 | 92 – 34 = 58 | 61 – 47 = 14 | 24 – 15 = 9 |
| 91 – 57 = 34 | 72 – 28 = 44 | 91 – 22 = 69 | 60 – 14 = 46 | 53 – 27 = 26 |
| 82 – 33 = 49 | 60 – 21 = 39 | 30 – 16 = 14 | 46 – 29 = 17 | 51 – 17 = 34 |
| 80 – 69 = 11 | 45 – 17 = 28 | 53 – 34 = 19 | 67 – 59 = 8 | 74 – 39 = 35 |

42 © Chalkboard Publishing

## 43

### Charade mathématique: les soustractions à 2 chiffres avec regroupement

**Qu'est-ce qu'un hamster dans l'espace?**

| U | N | | H | A | M | E | S | T | E | R | O | I | D | E |
|---|---|---|---|---|---|---|---|---|---|---|---|---|---|---|
| 79 | 13 | | 19 | 48 | 59 | 29 | 6 | 23 | 36 | 54 | 74 | 32 | 23 | |

| | | | | | |
|---|---|---|---|---|---|
| A 67 – 19 = 48 | B 76 – 27 = 49 | C 84 – 27 = 57 | D 50 – 18 = 32 | E 61 – 38 = 23 | F 40 – 19 = 21 |
| G 82 – 19 = 63 | H 48 – 29 = 19 | I 92 – 18 = 74 | J 71 – 29 = 42 | K 20 – 15 = 5 | L 91 – 29 = 62 |
| M 86 – 27 = 59 | N 22 – 9 = 13 | O 71 – 17 = 54 | P 73 – 34 = 39 | Q 41 – 29 = 12 | R 54 – 18 = 36 |
| S 32 – 3 = 29 | T 10 – 4 = 6 | U 97 – 18 = 79 | V 21 – 17 = 4 | Y 85 – 16 = 69 | Z 70 – 35 = 35 |

**Attention!** Certaines lettres ne sont pas utilisées dans la charade.

© Chalkboard Publishing 43

## 44

### Charade mathématique : les soustractions à 2 chiffres avec regroupement

**Qu'est-ce qui est jaune et qui attend?**

| J | O | N | A | T | H | A | N |
|---|---|---|---|---|---|---|---|
| 69 | 34 | 19 | 39 | 13 | 46 | 39 | 19 |

| | | | | | |
|---|---|---|---|---|---|
| A 58 – 19 = 39 | B 76 – 38 = 38 | C 38 – 29 = 9 | D 27 – 19 = 8 | E 36 – 9 = 27 | F 96 – 17 = 79 |
| G 91 – 23 = 68 | H 65 – 19 = 46 | I 72 – 36 = 36 | J 86 – 17 = 69 | K 43 – 17 = 26 | L 55 – 18 = 37 |
| M 12 – 5 = 7 | N 33 – 14 = 19 | O 52 – 18 = 34 | P 90 – 72 = 18 | Q 72 – 25 = 47 | R 83 – 34 = 49 |
| S 61 – 46 = 15 | T 50 – 37 = 13 | U 31 – 17 = 14 | V 47 – 19 = 28 | W 40 – 29 = 11 | X 46 – 29 = 17 |

**Attention!** Certaines lettres ne sont pas utilisées dans la charade.

44 © Chalkboard Publishing

## 45

### Charage mathématique : les soustractions à 2 chiffres avec regroupement

**Que dit une tasse dans un ascenseur?**

| J | E | | V | E | U | X | | M | O | N | | T | H | É |
|---|---|---|---|---|---|---|---|---|---|---|---|---|---|---|
| 28 | 48 | | 59 | 48 | 16 | 69 | | 17 | 7 | 18 | | 39 | 3 | 26 |

| | | | | | |
|---|---|---|---|---|---|
| A 92 – 59 = 33 | B 80 – 67 = 13 | C 36 – 27 = 9 | E 64 – 16 = 48 | F 41 – 12 = 29 | G 26 – 18 = 8 |
| H 11 – 8 = 3 | I 70 – 27 = 43 | J 87 – 59 = 28 | K 91 – 42 = 49 | L 73 – 38 = 35 | M 63 – 46 = 17 |
| N 20 – 2 = 18 | O 20 – 13 = 7 | P 81 – 14 = 67 | Q 63 – 25 = 38 | R 43 – 16 = 27 | S 96 – 39 = 57 |
| T 84 – 45 = 39 | U 74 – 58 = 16 | V 75 – 16 = 59 | W 56 – 37 = 19 | X 97 – 28 = 69 | É 65 – 39 = 26 |

**Attention!** Certaines lettres ne sont pas utilisées dans la charade.

© Chalkboard Publishing 45

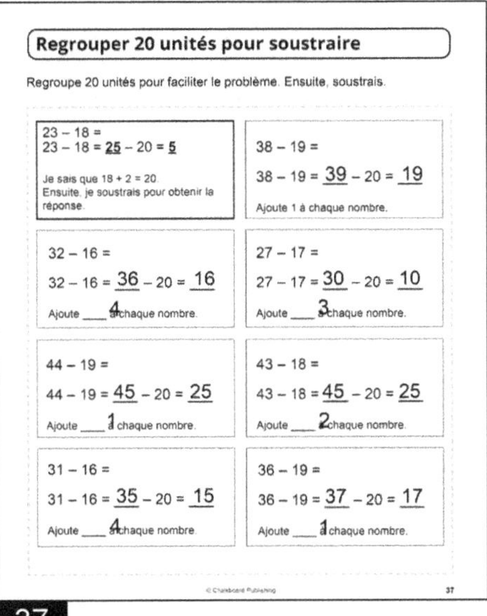

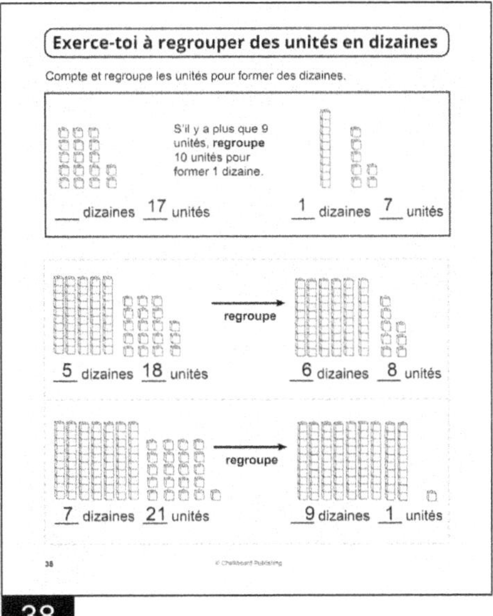

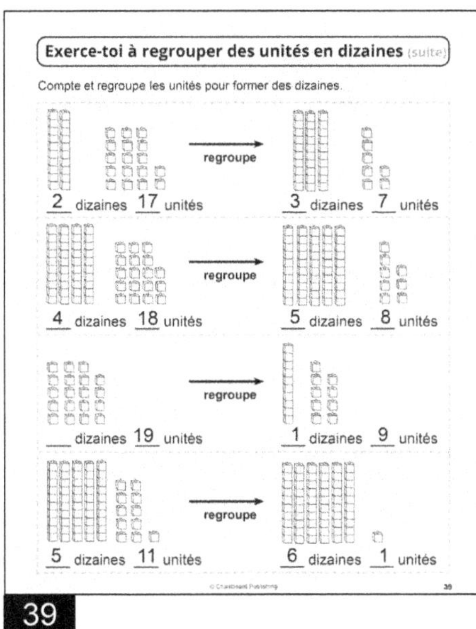

## 46

### Association de soustractions

Associe la soustraction à sa réponse.

57 − 31 = 26
96 − 58 = 38
85 − 54 = 31
28 − 19 = 9
79 − 22 = 57
42 − 35 = 7
89 − 48 = 41
84 − 60 = 24

38, 9, 31, 41, 26, 7, 24, 57

87 − 56 = 31
67 − 10 = 57
59 − 21 = 38
98 − 74 = 24
71 − 64 = 7
23 − 14 = 9
93 − 52 = 41
43 − 17 = 26

46 © Chalkboard Publishing

## 47

### Soustraction à 3 chiffres sans regroupement

| Aligne les unités ensemble et les dizaines ensemble. | Premièrement, soustrais les unités ensemble. | Ensuite, soustrais les dizaines ensemble. | Ensuite, soustrais les centaines ensemble. |
|---|---|---|---|
| | 487 − 144 = 3 | 487 − 144 = 43 | 487 − 144 = 343 |

Utilise un tableau pour diviser les dizaines et les unités. Surligne en jaune la colonne des unités, en orange la colonne des dizaines et en vert la colonne des centaines.

358 − 222 = 136
678 − 243 = 435
567 − 463 = 104
274 − 120 = 154
985 − 312 = 673
444 − 123 = 321
696 − 403 = 293
799 − 372 = 427
243 − 223 = 20
568 − 514 = 54
762 − 520 = 242
767 − 356 = 411
425 − 320 = 105
279 − 165 = 114
939 − 809 = 130
486 − 25 = 461
988 − 854 = 134
398 − 377 = 21
543 − 421 = 122
436 − 230 = 206

© Chalkboard Publishing 47

## 48

### Soustraction à 3 chiffres sans regroupement (suite)

Utilise un tableau de centaines, dizaines et unités pour soustraire.

247 − 244 = 3
836 − 333 = 503
769 − 134 = 635
128 − 128 = 0
692 − 421 = 271
567 − 350 = 217
634 − 232 = 402
987 − 456 = 531
273 − 151 = 122
564 − 562 = 2
324 − 213 = 111
442 − 340 = 102
457 − 427 = 30
329 − 123 = 206
765 − 664 = 101
567 − 234 = 333
198 − 134 = 64
999 − 343 = 656
877 − 825 = 52
899 − 126 = 773

**Gymnastique de cerveau**

Soustrais 573 - 123. Laisse des traces de ta démarche.

450

48 © Chalkboard Publishing

## 49

### Charade mathématique : les soustractions à 3 chiffres sans regroupement

**Quel animal peut voir dans l'avenir?**

| L | A | P | O | U | L | E | D | E | C | R | I | S | T | A | L |
|---|---|---|---|---|---|---|---|---|---|---|---|---|---|---|---|
| 211 | 353 | 311 | 222 | 701 | 211 | 220 | 540 | 220 | 325 | 404 | 173 | 62 | 543 | 353 | 211 |

| | | | | | |
|---|---|---|---|---|---|
| A 453 − 100 = 353 | B 552 − 421 = 131 | C 978 − 653 = 325 | D 667 − 127 = 540 | E 861 − 641 = 220 | F 999 − 469 = 530 |
| G 767 − 302 = 465 | H 444 − 202 = 242 | I 498 − 325 = 173 | J 346 − 223 = 123 | K 276 − 31 = 245 | L 583 − 372 = 211 |
| M 959 − 147 = 812 | N 214 − 113 = 101 | O 335 − 113 = 222 | P 716 − 405 = 311 | Q 789 − 665 = 124 | R 635 − 231 = 404 |
| S 172 − 110 = 62 | T 884 − 341 = 543 | U 841 − 140 = 701 | V 997 − 830 = 167 | W 625 − 312 = 313 | Y 528 − 222 = 306 |

**Attention!** Certaines lettres ne sont pas utilisées dans la charade.

© Chalkboard Publishing 49

## 50

### Charade mathématique : les soustractions à 3 chiffres sans regroupement

**Quelle forme de maison fait le plus peur aux enfants?**

| L | A | M | A | I | S | O | N | E | N | T |
|---|---|---|---|---|---|---|---|---|---|---|
| 236 | 127 | 341 | 127 | 124 | 332 | 642 | 204 | 211 | 353 | 311 |

| | | | | | |
|---|---|---|---|---|---|
| A 329 − 202 = 127 | B 332 − 120 = 212 | C 821 − 321 = 500 | D 963 − 433 = 530 | E 255 − 152 = 103 | F 149 − 138 = 11 |
| G 564 − 153 = 411 | H 658 − 243 = 415 | I 674 − 550 = 124 | J 823 − 111 = 712 | K 414 − 101 = 313 | L 478 − 242 = 236 |
| M 763 − 422 = 341 | N 517 − 313 = 204 | O 785 − 143 = 642 | P 887 − 752 = 135 | Q 948 − 521 = 427 | R 832 − 412 = 420 |
| S 934 − 602 = 332 | T 471 − 360 = 111 | U 596 − 431 = 165 | V 796 − 274 = 522 | W 685 − 461 = 224 | X 992 − 161 = 831 |

**Attention!** Certaines lettres ne sont pas utilisées dans la charade.

50 © Chalkboard Publishing

## 51

### Soustraction à 3 chiffres avec regroupement

Aligne les unités ensemble et les dizaines ensemble.
Soustrais les unités.
Échange 1 centaine de la colonne des centaines pour 10 dizaines dans la colonne des dizaines.
Soustrais les dizaines.
Puis, soustrais les centaines.

646 − 383 = 263

Tu ne peux pas soustraire 8 de 4. Donc, échange 1 centaine pour 10 dizaines. Maintenant, il y a 14 dizaines.

Utilise un tableau pour diviser les dizaines et les unités. Surligne en jaune la colonne des unités, en orange la colonne des dizaines et en vert la colonne des centaines.

836 − 644 = 192
506 − 341 = 165
319 − 158 = 161
727 − 136 = 591
535 − 170 = 365
607 − 494 = 113
718 − 183 = 535
905 − 633 = 272
713 − 442 = 271
559 − 276 = 283
858 − 394 = 464
403 − 153 = 250
644 − 273 = 371
915 − 472 = 443
628 − 356 = 272

© Chalkboard Publishing 51

## 52

### Soustraction à 3 chiffres avec regroupement (suite)

Utilise un tableau de centaines, dizaines et unités pour soustraire. Tu vas devoir regrouper.

543 − 216 = 327
650 − 135 = 515
781 − 513 = 268
893 − 439 = 454
965 − 346 = 619
682 − 424 = 258
450 − 249 = 201
964 − 235 = 729
582 − 138 = 444
273 − 147 = 126
753 − 314 = 439
473 − 147 = 326
665 − 249 = 416
981 − 442 = 539
693 − 376 = 317

Soustrais. Regroupe dans la colonne des dizaines et des centaines.

808 − 114 = 694
703 − 433 = 270
905 − 113 = 792
759 − 572 = 187
832 − 661 = 171
275 − 194 = 81
313 − 182 = 131
504 − 311 = 193
427 − 132 = 295
909 − 111 = 798

52 © Chalkboard Publishing

## 53

### Soustraction à 3 chiffres avec regroupement (suite)

Utilise un tableau de centaines, dizaines et unités pour soustraire. Tu vas devoir regrouper les dizaines.

864 − 316 = 548
541 − 435 = 106
642 − 313 = 329
791 − 159 = 632
836 − 217 = 619
582 − 129 = 453
650 − 348 = 302
763 − 535 = 228
883 − 638 = 245
975 − 747 = 228
451 − 114 = 337
362 − 143 = 219
381 − 213 = 168
980 − 332 = 648
693 − 376 = 317

Soustrais. Regroupe dans la colonne des dizaines et des centaines.

809 − 225 = 584
706 − 514 = 192
905 − 220 = 685
719 − 623 = 96
852 − 591 = 261
345 − 194 = 151
413 − 152 = 261
804 − 361 = 443
927 − 472 = 455
909 − 281 = 628

© Chalkboard Publishing 53

## 54

### Association de soustractions

Associe la soustraction avec sa réponse.

253 − 140 = 113
297 − 105 = 192
976 − 39 = 937
880 − 215 = 665
590 − 323 = 267
138 − 78 = 60
679 − 348 = 331
959 − 662 = 297

113, 60, 331, 665, 267, 192, 937, 297

698 − 506 = 192
378 − 81 = 297
787 − 520 = 267
951 − 14 = 937
624 − 564 = 60
789 − 124 = 665
686 − 573 = 113
464 − 133 = 331

54 © Chalkboard Publishing


© Chalkboard Publishing

## 55

Charade mathématique : les soustractions à 3 chiffres avec regroupement

**Que commande un squelette au restaurant?**

D E S (747 72 377) | C Ô T E S (91 95 619 72 377)

| A | B | C | D | E | F |
|---|---|---|---|---|---|
| 154 − 26 = 128 | 295 − 136 = 159 | 977 − 886 = 91 | 886 − 139 = 747 | 104 − 32 = 72 | 935 − 327 = 608 |
| **G** | **H** | **I** | **J** | **K** | **L** |
| 312 − 205 = 107 | 728 − 19 = 709 | 530 − 223 = 307 | 240 − 111 = 129 | 649 − 259 = 390 | 343 − 106 = 237 |
| **M** | **N** | **O** | **P** | **Q** | **R** |
| 543 − 409 = 134 | 366 − 137 = 229 | 987 − 892 = 95 | 116 − 70 = 46 | 416 − 152 = 264 | 622 − 431 = 191 |
| **S** | **T** | **U** | **V** | **W** | **X** |
| 728 − 351 = 377 | 791 − 172 = 619 | 567 − 138 = 429 | 750 − 135 = 615 | 880 − 569 = 311 | 849 − 262 = 587 |

**Attention!** Certaines lettres ne sont pas utilisées dans la charade.

© Chalkboard Publishing 55

## 56

Charade mathématique : les soustractions à 3 chiffres avec regroupement

**Que mettent les araignées sur leurs rôties?**

D U (390 83) | B E U R R E (450 391 83 588 588 391) |

D A R A C H N I D E (390 795 588 795 71 190 92 140 390 391)

| A | B | C | D | E | F |
|---|---|---|---|---|---|
| 975 − 180 = 795 | 811 − 361 = 450 | 134 − 63 = 71 | 620 − 230 = 390 | 539 − 148 = 391 | 943 − 751 = 192 |
| **G** | **H** | **I** | **J** | **K** | **L** |
| 562 − 381 = 181 | 481 − 291 = 190 | 421 − 281 = 140 | 748 − 256 = 492 | 870 − 590 = 280 | 759 − 391 = 368 |
| **M** | **N** | **O** | **P** | **Q** | **R** |
| 318 − 92 = 226 | 172 − 80 = 92 | 334 − 150 = 184 | 257 − 173 = 84 | 103 − 81 = 22 | 694 − 106 = 588 |
| **S** | **T** | **U** | **V** | **W** | **X** |
| 325 − 152 = 173 | 416 − 263 = 153 | 254 − 171 = 83 | 367 − 295 = 72 | 483 − 292 = 191 | 552 − 381 = 171 |

**Attention!** Certaines lettres ne sont pas utilisées dans la charade.

56 © Chalkboard Publishing

## 57

Charade mathématique : les soustractions à 3 chiffres avec regroupement

**Quel genre de table n'a pas de patte?**

L A (219 359) | T A B L E (85 359 244 219 235) | D E (294 235)

M U L T I P L I C A T I O N (82 433 219 25 522 186 219 7 359 85 25 522 388 285)

| A | B | C | D | E | F |
|---|---|---|---|---|---|
| 890 − 531 = 359 | 508 − 264 = 244 | 145 − 138 = 7 | 834 − 540 = 294 | 392 − 157 = 235 | 781 − 373 = 408 |
| **G** | **H** | **I** | **J** | **K** | **L** |
| 565 − 348 = 217 | 235 − 126 = 109 | 704 − 182 = 522 | 673 − 459 = 214 | 125 − 17 = 108 | 456 − 237 = 219 |
| **M** | **N** | **O** | **P** | **Q** | **R** |
| 318 − 236 = 82 | 894 − 609 = 285 | 568 − 180 = 388 | 457 − 271 = 186 | 990 − 363 = 627 | 645 − 529 = 116 |
| **S** | **T** | **U** | **V** | **W** | **X** |
| 623 − 162 = 461 | 276 − 191 = 85 | 652 − 219 = 433 | 971 − 257 = 714 | 483 − 105 = 378 | 972 − 159 = 813 |

**Attention!** Certaines lettres ne sont pas utilisées dans la charade.

© Chalkboard Publishing 57

## 58

**Mini test 1 - Les différences de 0 à 10**

| | | | | | | |
|---|---|---|---|---|---|---|
| 10 − 5 = 5 | 4 − 2 = 2 | 9 − 5 = 4 | 5 − 2 = 3 | 8 − 2 = 6 | 2 − 0 = 2 | 6 − 4 = 2 |
| 9 − 7 = 2 | 5 − 1 = 4 | 6 − 3 = 3 | 3 − 3 = 0 | 8 − 6 = 2 | 10 − 4 = 6 | 7 − 5 = 2 |
| 5 − 3 = 2 | 1 − 1 = 0 | 10 − 4 = 6 | 7 − 3 = 4 | 5 − 4 = 1 | 9 − 4 = 5 | Nombre de bonnes réponses ___ / 20 |

**Mini test 2 - Les différences de 0 à 10**

| | | | | | | |
|---|---|---|---|---|---|---|
| 10 − 7 = 3 | 7 − 2 = 5 | 5 − 2 = 3 | 8 − 5 = 3 | 6 − 1 = 5 | 4 − 4 = 0 | 3 − 1 = 2 |
| 7 − 5 = 2 | 4 − 2 = 2 | 6 − 5 = 1 | 9 − 6 = 3 | 10 − 2 = 8 | 5 − 5 = 0 | 9 − 0 = 9 |
| 10 − 4 = 6 | 5 − 3 = 2 | 6 − 0 = 6 | 2 − 2 = 0 | 7 − 1 = 6 | 9 − 3 = 6 | Nombre de bonnes réponses ___ / 20 |

58 © Chalkboard Publishing

## 59

**Mini test 3 - Les différences de 0 à 10**

| | | | | | | |
|---|---|---|---|---|---|---|
| 10 − 2 = 8 | 4 − 3 = 1 | 9 − 5 = 4 | 5 − 4 = 1 | 8 − 5 = 3 | 2 − 1 = 1 | 6 − 5 = 1 |
| 9 − 9 = 0 | 5 − 3 = 2 | 6 − 4 = 2 | 3 − 2 = 1 | 8 − 7 = 1 | 10 − 9 = 1 | 7 − 2 = 5 |
| 4 − 3 = 1 | 1 − 0 = 1 | 10 − 5 = 5 | 6 − 3 = 3 | 5 − 1 = 4 | 9 − 8 = 1 | Nombre de bonnes réponses ___ / 20 |

**Mini test 4 - Les différences de 0 à 10**

| | | | | | | |
|---|---|---|---|---|---|---|
| 10 − 3 = 7 | 7 − 4 = 3 | 5 − 1 = 4 | 8 − 3 = 5 | 9 − 7 = 2 | 4 − 4 = 0 | 3 − 1 = 2 |
| 5 − 2 = 3 | 4 − 2 = 2 | 5 − 5 = 0 | 8 − 6 = 2 | 10 − 5 = 5 | 1 − 1 = 0 | 2 − 0 = 2 |
| 10 − 9 = 1 | 5 − 3 = 2 | 6 − 3 = 3 | 2 − 2 = 0 | 7 − 5 = 2 | 9 − 4 = 5 | Nombre de bonnes réponses ___ / 20 |

© Chalkboard Publishing 59

## 60

**Mini test 5 - Les différences de 0 à 10**

| | | | | | | |
|---|---|---|---|---|---|---|
| 10 − 8 = 2 | 4 − 2 = 2 | 9 − 6 = 3 | 5 − 3 = 2 | 8 − 2 = 6 | 2 − 2 = 0 | 6 − 3 = 3 |
| 9 − 2 = 7 | 5 − 4 = 1 | 6 − 5 = 1 | 3 − 3 = 0 | 8 − 6 = 2 | 10 − 6 = 4 | 7 − 3 = 4 |
| 4 − 2 = 2 | 1 − 0 = 1 | 10 − 9 = 1 | 6 − 2 = 4 | 5 − 0 = 5 | 9 − 7 = 2 | Nombre de bonnes réponses ___ / 20 |

**Mini test 6 - Les différences de 0 à 10**

| | | | | | | |
|---|---|---|---|---|---|---|
| 9 − 3 = 6 | 8 − 4 = 4 | 7 − 1 = 6 | 6 − 3 = 3 | 5 − 1 = 4 | 4 − 3 = 1 | 3 − 1 = 2 |
| 2 − 2 = 0 | 5 − 2 = 3 | 6 − 5 = 1 | 7 − 6 = 1 | 10 − 5 = 5 | 1 − 1 = 0 | 2 − 0 = 2 |
| 8 − 3 = 5 | 9 − 7 = 2 | 5 − 3 = 2 | 4 − 2 = 2 | 5 − 4 = 1 | 10 − 4 = 6 | Nombre de bonnes réponses ___ / 20 |

60 © Chalkboard Publishing

## 61

**Mini test 7 - Les différences de 0 à 10**

| | | | | | | |
|---|---|---|---|---|---|---|
| 8 − 4 = 4 | 10 − 2 = 8 | 9 − 5 = 4 | 9 − 3 = 6 | 8 − 2 = 6 | 9 − 2 = 7 | 6 − 3 = 3 |
| 8 − 6 = 2 | 7 − 4 = 3 | 2 − 1 = 1 | 8 − 3 = 5 | 8 − 1 = 7 | 10 − 6 = 4 | 7 − 5 = 2 |
| 5 − 2 = 3 | 4 − 0 = 4 | 10 − 7 = 3 | 3 − 1 = 2 | 7 − 7 = 0 | 9 − 7 = 2 | Nombre de bonnes réponses ___ / 20 |

**Mini test 8 - Les différences de 0 à 10**

| | | | | | | |
|---|---|---|---|---|---|---|
| 6 − 5 = 1 | 4 − 3 = 1 | 10 − 8 = 2 | 8 − 3 = 5 | 5 − 3 = 2 | 4 − 0 = 4 | 3 − 1 = 2 |
| 5 − 4 = 1 | 7 − 5 = 2 | 6 − 3 = 3 | 7 − 4 = 3 | 9 − 6 = 3 | 9 − 1 = 8 | 2 − 1 = 1 |
| 7 − 6 = 1 | 6 − 2 = 4 | 5 − 2 = 3 | 10 − 7 = 3 | 8 − 7 = 1 | 10 − 8 = 2 | Nombre de bonnes réponses ___ / 20 |

© Chalkboard Publishing 61

## 62

**Mini test 1 - Les différences de 11 à 20**

| | | | | | | |
|---|---|---|---|---|---|---|
| 12 − 8 = 4 | 11 − 6 = 5 | 14 − 5 = 9 | 16 − 9 = 7 | 13 − 3 = 10 | 17 − 9 = 8 | 11 − 4 = 7 |
| 18 − 9 = 9 | 13 − 7 = 6 | 12 − 6 = 6 | 14 − 7 = 7 | 15 − 6 = 9 | 11 − 7 = 4 | 16 − 6 = 10 |
| 20 − 10 = 10 | 14 − 9 = 5 | 11 − 5 = 6 | 19 − 9 = 10 | 17 − 7 = 10 | 13 − 6 = 7 | Nombre de bonnes réponses ___ / 20 |

**Mini test 2 - Les différences de 11 à 20**

| | | | | | | |
|---|---|---|---|---|---|---|
| 11 − 3 = 8 | 17 − 9 = 8 | 18 − 5 = 13 | 16 − 3 = 13 | 15 − 4 = 11 | 14 − 2 = 12 | 13 − 5 = 8 |
| 14 − 4 = 10 | 18 − 8 = 10 | 19 − 2 = 17 | 11 − 8 = 3 | 16 − 7 = 9 | 12 − 5 = 7 | 13 − 9 = 4 |
| 15 − 7 = 8 | 20 − 2 = 18 | 12 − 6 = 6 | 14 − 9 = 5 | 17 − 8 = 9 | 19 − 8 = 11 | Nombre de bonnes réponses ___ / 20 |

62 © Chalkboard Publishing

## 63

**Mini test 3 - Les différences de 11 à 20**

| | | | | | | |
|---|---|---|---|---|---|---|
| 12 − 3 = 9 | 11 − 4 = 7 | 14 − 3 = 11 | 16 − 2 = 14 | 13 − 4 = 9 | 17 − 3 = 14 | 11 − 6 = 5 |
| 18 − 4 = 14 | 13 − 3 = 10 | 12 − 2 = 10 | 14 − 1 = 13 | 15 − 2 = 13 | 11 − 9 = 2 | 16 − 8 = 8 |
| 20 − 3 = 17 | 14 − 8 = 6 | 12 − 9 = 3 | 19 − 2 = 17 | 17 − 1 = 16 | 13 − 9 = 4 | Nombre de bonnes réponses ___ / 20 |

**Mini test 4 - Les différences de 11 à 20**

| | | | | | | |
|---|---|---|---|---|---|---|
| 14 − 5 = 9 | 17 − 9 = 8 | 18 − 3 = 15 | 16 − 3 = 13 | 15 − 4 = 11 | 17 − 7 = 10 | 13 − 8 = 5 |
| 12 − 1 = 11 | 18 − 1 = 17 | 19 − 3 = 16 | 11 − 4 = 7 | 16 − 9 = 7 | 12 − 8 = 4 | 20 − 1 = 19 |
| 15 − 6 = 9 | 20 − 3 = 17 | 12 − 4 = 8 | 14 − 6 = 8 | 15 − 9 = 6 | 19 − 9 = 10 | Nombre de bonnes réponses ___ / 20 |

© Chalkboard Publishing 63

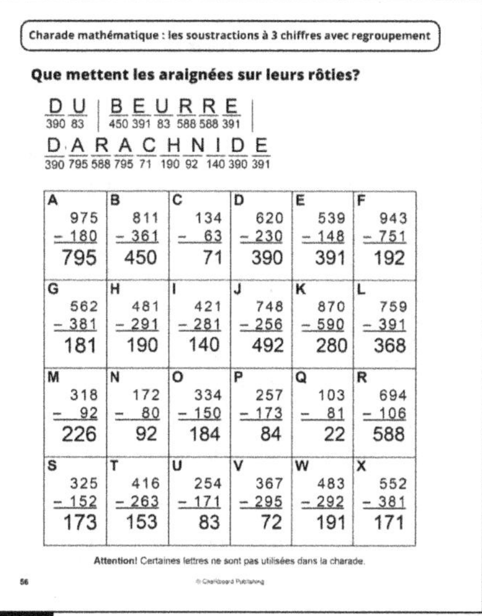

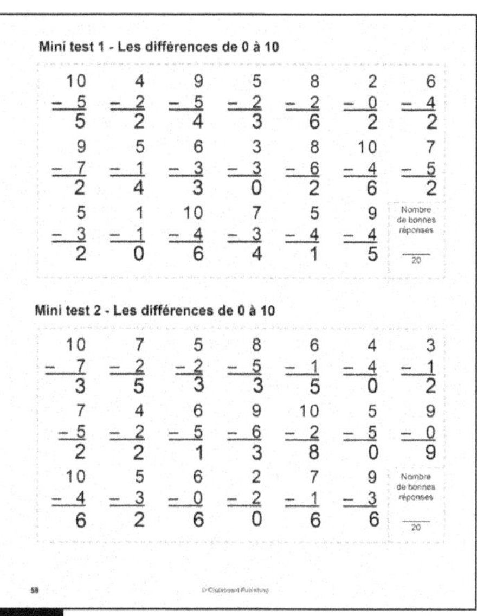

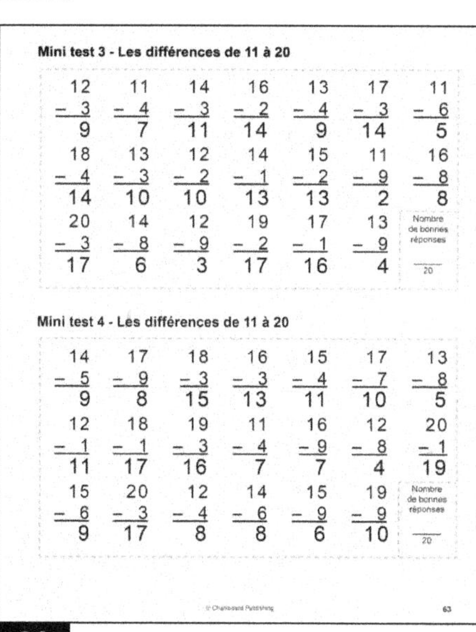

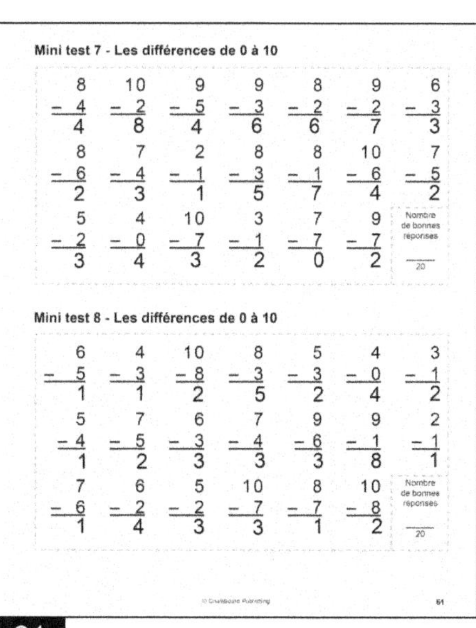

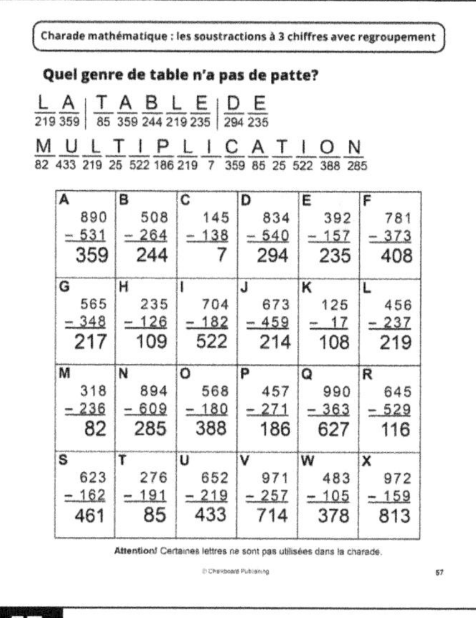

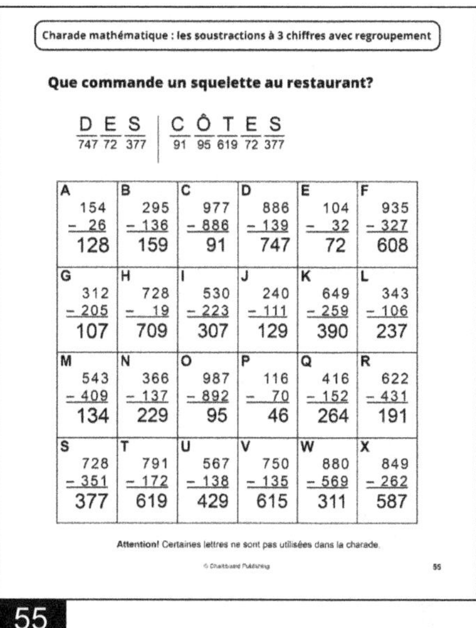

**Mini test 5 - Les différences de 11 à 20**

| | | | | | | |
|---|---|---|---|---|---|---|
| 14 | 16 | 17 | 18 | 19 | 12 | 13 |
| − 7 | − 8 | − 9 | − 8 | − 4 | − 3 | − 6 |
| 7 | 8 | 8 | 10 | 15 | 9 | 7 |
| 18 | 13 | 12 | 14 | 15 | 11 | 16 |
| − 9 | − 5 | − 8 | − 6 | − 7 | − 4 | − 3 |
| 9 | 8 | 4 | 8 | 8 | 7 | 13 |
| 20 | 14 | 11 | 19 | 17 | 13 | Nombre de bonnes réponses |
| − 2 | − 1 | − 6 | − 3 | − 7 | − 2 | |
| 18 | 13 | 5 | 16 | 10 | 11 | /20 |

**Mini test 6 - Les différences de 11 à 20**

| | | | | | | |
|---|---|---|---|---|---|---|
| 14 | 17 | 18 | 16 | 15 | 17 | 13 |
| − 9 | − 2 | − 2 | − 1 | − 8 | − 9 | − 7 |
| 5 | 15 | 16 | 15 | 7 | 8 | 6 |
| 12 | 18 | 19 | 11 | 16 | 12 | 20 |
| − 9 | − 9 | − 2 | − 5 | − 8 | − 7 | − 2 |
| 3 | 9 | 17 | 6 | 8 | 5 | 18 |
| 15 | 20 | 12 | 14 | 17 | 19 | Nombre de bonnes réponses |
| − 3 | − 1 | − 2 | − 7 | − 8 | − 3 | |
| 12 | 19 | 10 | 7 | 9 | 16 | /20 |

64

**Mini test 7 - Les différences de 11 à 20**

| | | | | | | |
|---|---|---|---|---|---|---|
| 12 | 11 | 14 | 16 | 13 | 17 | 11 |
| − 5 | − 8 | − 9 | − 1 | − 9 | − 8 | − 2 |
| 7 | 3 | 5 | 15 | 4 | 9 | 9 |
| 18 | 13 | 12 | 14 | 15 | 11 | 16 |
| − 2 | − 7 | − 6 | − 5 | − 5 | − 3 | − 6 |
| 16 | 6 | 6 | 9 | 10 | 8 | 10 |
| 20 | 14 | 12 | 19 | 17 | 13 | Nombre de bonnes réponses |
| − 10 | − 4 | − 3 | − 9 | − 9 | − 8 | |
| 10 | 10 | 9 | 10 | 8 | 5 | /20 |

**Mini test 8 - Les différences de 11 à 20**

| | | | | | | |
|---|---|---|---|---|---|---|
| 14 | 17 | 18 | 16 | 15 | 17 | 13 |
| − 9 | − 10 | − 8 | − 2 | − 4 | − 8 | − 6 |
| 5 | 7 | 10 | 14 | 11 | 9 | 7 |
| 12 | 18 | 19 | 11 | 14 | 12 | 20 |
| − 7 | − 5 | − 2 | − 9 | − 2 | − 4 | − 5 |
| 5 | 13 | 17 | 2 | 12 | 8 | 15 |
| 15 | 20 | 12 | 14 | 17 | 19 | Nombre de bonnes réponses |
| − 9 | − 2 | − 6 | − 3 | − 2 | − 9 | |
| 6 | 18 | 6 | 11 | 15 | 10 | /20 |

65

**Mini test 9 - Les différences de 11 à 20**

| | | | | | | |
|---|---|---|---|---|---|---|
| 12 | 11 | 14 | 16 | 13 | 17 | 11 |
| − 3 | − 4 | − 3 | − 2 | − 4 | − 3 | − 6 |
| 9 | 7 | 11 | 14 | 9 | 14 | 5 |
| 18 | 13 | 12 | 14 | 15 | 11 | 16 |
| − 4 | − 3 | − 2 | − 1 | − 2 | − 9 | − 8 |
| 14 | 10 | 10 | 13 | 13 | 2 | 8 |
| 20 | 14 | 12 | 19 | 17 | 13 | Nombre de bonnes réponses |
| − 3 | − 8 | − 9 | − 2 | − 1 | − 9 | |
| 17 | 6 | 3 | 17 | 16 | 4 | /20 |

**Mini test 10 - Les différences de 11 à 20**

| | | | | | | |
|---|---|---|---|---|---|---|
| 14 | 17 | 18 | 16 | 15 | 17 | 13 |
| − 7 | − 10 | − 8 | − 8 | − 6 | − 9 | − 4 |
| 7 | 7 | 10 | 8 | 9 | 8 | 9 |
| 12 | 18 | 19 | 11 | 16 | 12 | 20 |
| − 3 | − 2 | − 9 | − 10 | − 7 | − 6 | − 9 |
| 9 | 16 | 10 | 1 | 9 | 6 | 11 |
| 15 | 20 | 12 | 14 | 17 | 19 | Nombre de bonnes réponses |
| − 9 | − 10 | − 2 | − 6 | − 3 | − 10 | |
| 6 | 10 | 10 | 8 | 14 | 9 | /20 |

66

**Mini test 1 - Les soustractions à 2 chiffres sans regroupement**

| | | | | | | |
|---|---|---|---|---|---|---|
| 56 | 96 | 64 | 86 | 74 | 87 | 97 |
| − 13 | − 24 | − 33 | − 42 | − 54 | − 63 | − 76 |
| 43 | 72 | 31 | 44 | 20 | 24 | 21 |
| 98 | 73 | 62 | 54 | 75 | 89 | 69 |
| − 85 | − 73 | − 51 | − 1 | − 44 | − 29 | − 27 |
| 13 | 0 | 11 | 53 | 31 | 60 | 42 |
| 25 | 78 | 69 | 99 | 87 | 93 | Nombre de bonnes réponses |
| − 13 | − 26 | − 31 | − 42 | − 51 | − 62 | |
| 12 | 52 | 38 | 57 | 36 | 31 | /20 |

**Mini test 2 - Les soustractions à 2 chiffres sans regroupement**

| | | | | | | |
|---|---|---|---|---|---|---|
| 88 | 69 | 78 | 58 | 45 | 37 | 99 |
| − 65 | − 49 | − 50 | − 33 | − 14 | − 37 | − 78 |
| 23 | 20 | 28 | 25 | 31 | 0 | 21 |
| 32 | 78 | 89 | 94 | 76 | 81 | 90 |
| − 20 | − 31 | − 42 | − 53 | − 64 | − 70 | − 80 |
| 12 | 47 | 47 | 41 | 12 | 11 | 10 |
| 78 | 25 | 99 | 89 | 83 | 59 | Nombre de bonnes réponses |
| − 46 | − 13 | − 64 | − 76 | − 52 | − 29 | |
| 32 | 12 | 35 | 13 | 31 | 30 | /20 |

67

**Mini test 3 - Les soustractions à 2 chiffres sans regroupement**

| | | | | | | |
|---|---|---|---|---|---|---|
| 54 | 96 | 65 | 86 | 79 | 97 | 94 |
| − 13 | − 21 | − 33 | − 32 | − 57 | − 63 | − 73 |
| 41 | 75 | 32 | 54 | 22 | 34 | 21 |
| 97 | 72 | 69 | 53 | 75 | 89 | 69 |
| − 86 | − 72 | − 31 | − 2 | − 40 | − 19 | − 27 |
| 11 | 0 | 38 | 51 | 35 | 70 | 42 |
| 25 | 49 | 59 | 99 | 84 | 96 | Nombre de bonnes réponses |
| − 13 | − 29 | − 31 | − 49 | − 50 | − 62 | |
| 12 | 20 | 28 | 50 | 34 | 34 | /20 |

**Mini test 4 - Les soustractions à 2 chiffres sans regroupement**

| | | | | | | |
|---|---|---|---|---|---|---|
| 23 | 97 | 78 | 45 | 19 | 67 | 69 |
| − 12 | − 76 | − 50 | − 31 | − 14 | − 44 | − 58 |
| 11 | 21 | 28 | 14 | 5 | 23 | 11 |
| 57 | 78 | 53 | 60 | 98 | 69 | 32 |
| − 37 | − 63 | − 52 | − 20 | − 16 | − 41 | − 12 |
| 20 | 15 | 1 | 40 | 82 | 28 | 20 |
| 56 | 39 | 24 | 33 | 79 | 54 | Nombre de bonnes réponses |
| − 13 | − 13 | − 22 | − 21 | − 8 | − 22 | |
| 43 | 26 | 2 | 12 | 71 | 32 | /20 |

68

**Mini test 5 - Les soustractions à 2 chiffres sans regroupement**

| | | | | | | |
|---|---|---|---|---|---|---|
| 12 | 76 | 24 | 85 | 54 | 97 | 46 |
| − 11 | − 24 | − 13 | − 44 | − 34 | − 63 | − 26 |
| 1 | 52 | 11 | 41 | 20 | 34 | 20 |
| 58 | 15 | 59 | 96 | 85 | 39 | 78 |
| − 8 | − 12 | − 47 | − 51 | − 41 | − 25 | − 67 |
| 50 | 3 | 12 | 45 | 44 | 14 | 11 |
| 25 | 38 | 64 | 82 | 38 | 95 | Nombre de bonnes réponses |
| − 14 | − 20 | − 33 | − 22 | − 37 | − 51 | |
| 11 | 18 | 31 | 60 | 1 | 44 | /20 |

**Mini test 6 - Les soustractions à 2 chiffres sans regroupement**

| | | | | | | |
|---|---|---|---|---|---|---|
| 49 | 84 | 71 | 42 | 55 | 68 | 90 |
| − 12 | − 72 | − 50 | − 31 | − 14 | − 44 | − 50 |
| 37 | 12 | 21 | 11 | 41 | 24 | 40 |
| 56 | 75 | 87 | 48 | 37 | 15 | 95 |
| − 45 | − 34 | − 26 | − 20 | − 14 | − 10 | − 12 |
| 11 | 41 | 61 | 28 | 23 | 5 | 83 |
| 49 | 86 | 78 | 59 | 43 | 60 | Nombre de bonnes réponses |
| − 40 | − 21 | − 74 | − 13 | − 32 | − 50 | |
| 9 | 65 | 4 | 46 | 11 | 10 | /20 |

69

**Mini test 7 - Les soustractions à 2 chiffres sans regroupement**

| | | | | | | |
|---|---|---|---|---|---|---|
| 76 | 88 | 66 | 87 | 82 | 55 | 43 |
| − 52 | − 24 | − 33 | − 44 | − 30 | − 23 | − 21 |
| 24 | 64 | 33 | 43 | 52 | 32 | 22 |
| 88 | 96 | 68 | 57 | 35 | 19 | 49 |
| − 48 | − 56 | − 67 | − 36 | − 24 | − 5 | − 27 |
| 40 | 40 | 1 | 21 | 11 | 14 | 22 |
| 38 | 27 | 77 | 99 | 87 | 93 | Nombre de bonnes réponses |
| − 24 | − 24 | − 52 | − 48 | − 53 | − 61 | |
| 14 | 3 | 25 | 51 | 34 | 32 | /20 |

**Mini test 8 - Les soustractions à 2 chiffres sans regroupement**

| | | | | | | |
|---|---|---|---|---|---|---|
| 93 | 87 | 62 | 84 | 59 | 99 | 90 |
| − 73 | − 61 | − 40 | − 33 | − 57 | − 79 | − 80 |
| 20 | 26 | 22 | 51 | 2 | 20 | 10 |
| 48 | 64 | 86 | 47 | 38 | 17 | 94 |
| − 36 | − 54 | − 26 | − 20 | − 14 | − 16 | − 42 |
| 12 | 10 | 60 | 27 | 24 | 1 | 52 |
| 93 | 45 | 78 | 87 | 43 | 60 | Nombre de bonnes réponses |
| − 40 | − 21 | − 26 | − 13 | − 32 | − 50 | |
| 53 | 24 | 52 | 74 | 11 | 10 | /20 |

70

**Mini test 9 - Les soustractions à 2 chiffres sans regroupement**

| | | | | | | |
|---|---|---|---|---|---|---|
| 54 | 88 | 69 | 37 | 81 | 55 | 43 |
| − 4 | − 34 | − 31 | − 14 | − 30 | − 43 | − 1 |
| 50 | 54 | 38 | 23 | 51 | 12 | 42 |
| 59 | 27 | 86 | 53 | 49 | 66 | 81 |
| − 48 | − 10 | − 61 | − 32 | − 24 | − 5 | − 20 |
| 11 | 17 | 25 | 21 | 25 | 61 | 61 |
| 87 | 49 | 55 | 44 | 67 | 98 | Nombre de bonnes réponses |
| − 15 | − 25 | − 20 | − 42 | − 51 | − 66 | |
| 72 | 24 | 35 | 2 | 16 | 32 | /20 |

**Mini test 10 - Les soustractions à 2 chiffres sans regroupement**

| | | | | | | |
|---|---|---|---|---|---|---|
| 74 | 66 | 43 | 57 | 99 | 61 | 60 |
| − 22 | − 65 | − 30 | − 23 | − 57 | − 41 | − 10 |
| 52 | 1 | 13 | 34 | 42 | 20 | 50 |
| 48 | 64 | 86 | 47 | 32 | 17 | 98 |
| − 33 | − 23 | − 12 | − 27 | − 11 | − 13 | − 47 |
| 15 | 41 | 74 | 20 | 21 | 4 | 51 |
| 93 | 45 | 78 | 87 | 48 | 60 | Nombre de bonnes réponses |
| − 50 | − 11 | − 66 | − 25 | − 32 | − 50 | |
| 43 | 34 | 12 | 62 | 16 | 30 | /20 |

71

**Mini test 1 - Les soustractions à 2 chiffres avec regroupement**

| | | | | | | |
|---|---|---|---|---|---|---|
| 54 | 88 | 66 | 34 | 82 | 55 | 43 |
| − 9 | − 29 | − 38 | − 16 | − 39 | − 47 | − 9 |
| 45 | 59 | 28 | 18 | 43 | 8 | 34 |
| 55 | 20 | 81 | 52 | 44 | 66 | 81 |
| − 49 | − 17 | − 66 | − 33 | − 29 | − 7 | − 29 |
| 6 | 3 | 15 | 19 | 15 | 59 | 52 |
| 86 | 45 | 50 | 72 | 61 | 96 | Nombre de bonnes réponses |
| − 18 | − 29 | − 24 | − 44 | − 57 | − 68 | |
| 68 | 16 | 26 | 28 | 4 | 28 | /20 |

**Mini test 2 - Les soustractions à 2 chiffres avec regroupement**

| | | | | | | |
|---|---|---|---|---|---|---|
| 72 | 75 | 40 | 53 | 96 | 61 | 60 |
| − 24 | − 69 | − 33 | − 27 | − 57 | − 49 | − 16 |
| 48 | 6 | 7 | 26 | 39 | 12 | 44 |
| 42 | 63 | 82 | 91 | 34 | 51 | 97 |
| − 38 | − 24 | − 16 | − 37 | − 19 | − 43 | − 48 |
| 4 | 39 | 66 | 54 | 15 | 8 | 49 |
| 90 | 41 | 76 | 83 | 42 | 60 | Nombre de bonnes réponses |
| − 53 | − 25 | − 58 | − 17 | − 33 | − 59 | |
| 37 | 16 | 18 | 66 | 9 | 1 | /20 |

72


© Chalkboard Publishing

**73**

**Mini test 3 - Les soustractions à 2 chiffres avec regroupement**

| | | | | | | |
|---|---|---|---|---|---|---|
| 94 − 6 = 88 | 78 − 39 = 39 | 56 − 17 = 39 | 47 − 28 = 19 | 22 − 15 = 7 | 85 − 59 = 26 | 93 − 67 = 26 |
| 30 − 18 = 12 | 50 − 23 = 27 | 86 − 47 = 39 | 91 − 22 = 69 | 83 − 18 = 65 | 75 − 7 = 68 | 60 − 3 = 57 |
| 82 − 53 = 29 | 41 − 15 = 26 | 50 − 26 = 24 | 43 − 29 = 14 | 64 − 37 = 27 | 94 − 56 = 38 | Nombre de bonnes réponses ___ /20 |

**Mini test 4 - Les soustractions à 2 chiffres avec regroupement**

| | | | | | | |
|---|---|---|---|---|---|---|
| 84 − 25 = 59 | 84 − 65 = 19 | 60 − 32 = 28 | 84 − 26 = 58 | 97 − 59 = 38 | 60 − 41 = 19 | 70 − 15 = 55 |
| 52 − 34 = 18 | 78 − 49 = 29 | 90 − 62 = 28 | 47 − 29 = 18 | 53 − 18 = 35 | 31 − 16 = 15 | 96 − 57 = 39 |
| 21 − 19 = 2 | 35 − 28 = 7 | 88 − 69 = 19 | 55 − 19 = 36 | 73 − 35 = 38 | 90 − 57 = 33 | Nombre de bonnes réponses ___ /20 |

**74**

**Mini test 5 - Les soustractions à 2 chiffres avec regroupement**

| | | | | | | |
|---|---|---|---|---|---|---|
| 50 − 31 = 19 | 42 − 36 = 6 | 84 − 58 = 26 | 90 − 28 = 62 | 52 − 15 = 37 | 61 − 57 = 4 | 97 − 69 = 28 |
| 75 − 48 = 27 | 71 − 22 = 49 | 60 − 59 = 1 | 21 − 15 = 6 | 83 − 14 = 69 | 65 − 7 = 58 | 80 − 44 = 36 |
| 60 − 53 = 7 | 81 − 14 = 67 | 45 − 38 = 7 | 96 − 77 = 19 | 52 − 33 = 19 | 90 − 62 = 28 | Nombre de bonnes réponses ___ /20 |

**Mini test 6 - Les soustractions à 2 chiffres avec regroupement**

| | | | | | | |
|---|---|---|---|---|---|---|
| 51 − 26 = 25 | 82 − 65 = 17 | 40 − 34 = 6 | 34 − 27 = 7 | 92 − 53 = 39 | 83 − 47 = 36 | 70 − 12 = 58 |
| 91 − 14 = 77 | 87 − 29 = 58 | 70 − 32 = 38 | 61 − 49 = 12 | 52 − 28 = 24 | 38 − 19 = 19 | 42 − 27 = 15 |
| 84 − 19 = 65 | 75 − 29 = 46 | 67 − 38 = 29 | 51 − 13 = 38 | 34 − 25 = 9 | 50 − 47 = 3 | Nombre de bonnes réponses ___ /20 |

**75**

**Mini test 7 - Les soustractions à 2 chiffres avec regroupement**

| | | | | | | |
|---|---|---|---|---|---|---|
| 70 − 21 = 49 | 63 − 36 = 27 | 55 − 28 = 27 | 46 − 18 = 28 | 31 − 15 = 16 | 90 − 57 = 33 | 88 − 49 = 39 |
| 20 − 18 = 2 | 31 − 22 = 9 | 84 − 59 = 25 | 64 − 15 = 49 | 54 − 18 = 36 | 91 − 7 = 84 | 67 − 48 = 19 |
| 90 − 53 = 37 | 42 − 14 = 28 | 34 − 28 = 6 | 96 − 77 = 19 | 90 − 49 = 41 | 80 − 61 = 19 | Nombre de bonnes réponses ___ /20 |

**Mini test 8 - Les soustractions à 2 chiffres avec regroupement**

| | | | | | | |
|---|---|---|---|---|---|---|
| 51 − 26 = 25 | 92 − 65 = 27 | 40 − 34 = 6 | 34 − 27 = 7 | 92 − 53 = 39 | 83 − 45 = 38 | 70 − 12 = 58 |
| 91 − 34 = 57 | 67 − 29 = 38 | 50 − 42 = 8 | 61 − 59 = 2 | 82 − 38 = 44 | 78 − 19 = 59 | 82 − 67 = 15 |
| 94 − 76 = 18 | 55 − 29 = 26 | 63 − 38 = 25 | 40 − 13 = 27 | 62 − 25 = 37 | 32 − 19 = 13 | Nombre de bonnes réponses ___ /20 |

**76**

**Mini test 9 - Les soustractions à 2 chiffres avec regroupement**

| | | | | | | |
|---|---|---|---|---|---|---|
| 82 − 68 = 14 | 93 − 77 = 16 | 66 − 28 = 38 | 44 − 18 = 26 | 33 − 15 = 18 | 91 − 27 = 64 | 80 − 19 = 61 |
| 73 − 56 = 17 | 51 − 48 = 3 | 84 − 37 = 47 | 62 − 18 = 44 | 53 − 16 = 37 | 91 − 5 = 86 | 77 − 28 = 49 |
| 64 − 48 = 16 | 52 − 36 = 16 | 34 − 15 = 19 | 66 − 27 = 39 | 90 − 45 = 45 | 80 − 22 = 58 | Nombre de bonnes réponses ___ /20 |

**Mini test 10 - Les soustractions à 2 chiffres avec regroupement**

| | | | | | | |
|---|---|---|---|---|---|---|
| 41 − 19 = 22 | 82 − 44 = 38 | 60 − 28 = 32 | 34 − 27 = 7 | 52 − 28 = 24 | 65 − 48 = 17 | 81 − 33 = 48 |
| 55 − 26 = 29 | 70 − 39 = 31 | 65 − 58 = 7 | 81 − 59 = 22 | 71 − 32 = 39 | 63 − 18 = 45 | 93 − 69 = 24 |
| 36 − 17 = 19 | 65 − 29 = 36 | 95 − 38 = 57 | 65 − 16 = 49 | 44 − 25 = 19 | 32 − 18 = 14 | Nombre de bonnes réponses ___ /20 |

**77**

**Mini test 1 - Les soustractions à 3 chiffres sans regroupement**

| | | | | | | |
|---|---|---|---|---|---|---|
| 564 − 461 = 103 | 782 − 232 = 550 | 696 − 385 = 311 | 587 − 161 = 426 | 482 − 241 = 241 | 355 − 34 = 321 | 269 − 143 = 126 |
| 553 − 132 = 421 | 203 − 103 = 100 | 897 − 667 = 230 | 563 − 332 = 231 | 459 − 224 = 235 | 687 − 126 = 561 | 879 − 231 = 648 |
| 286 − 172 = 114 | 454 − 203 = 251 | 583 − 252 = 331 | 479 − 452 = 27 | 673 − 240 = 433 | 988 − 916 = 72 | Nombre de bonnes réponses ___ /20 |

**Mini test 2 - Les soustractions à 3 chiffres sans regroupement**

| | | | | | | |
|---|---|---|---|---|---|---|
| 574 − 222 = 352 | 769 − 665 = 104 | 642 − 330 = 312 | 457 − 143 = 314 | 399 − 347 = 52 | 869 − 541 = 328 | 963 − 651 = 312 |
| 248 − 133 = 115 | 684 − 283 = 401 | 886 − 614 = 272 | 597 − 431 = 166 | 449 − 104 = 345 | 753 − 332 = 421 | 998 − 687 = 311 |
| 393 − 190 = 203 | 245 − 241 = 4 | 778 − 755 = 23 | 987 − 133 = 854 | 843 − 422 = 421 | 769 − 110 = 659 | Nombre de bonnes réponses ___ /20 |

**78**

**Mini test 3 - Les soustractions à 3 chiffres sans regroupement**

| | | | | | | |
|---|---|---|---|---|---|---|
| 996 − 394 = 602 | 679 − 238 = 441 | 257 − 146 = 111 | 348 − 127 = 221 | 522 − 210 = 312 | 489 − 355 = 134 | 793 − 261 = 532 |
| 838 − 510 = 328 | 153 − 123 = 30 | 687 − 146 = 541 | 892 − 720 = 172 | 588 − 323 = 265 | 277 − 114 = 163 | 463 − 440 = 23 |
| 783 − 542 = 241 | 945 − 711 = 234 | 256 − 220 = 36 | 143 − 22 = 121 | 668 − 431 = 237 | 996 − 854 = 142 | Nombre de bonnes réponses ___ /20 |

**Mini test 4 - Les soustractions à 3 chiffres sans regroupement**

| | | | | | | |
|---|---|---|---|---|---|---|
| 685 − 524 = 161 | 765 − 164 = 601 | 362 − 131 = 231 | 886 − 634 = 252 | 999 − 237 = 762 | 561 − 530 = 31 | 475 − 130 = 345 |
| 258 − 134 = 124 | 979 − 749 = 230 | 492 − 360 = 132 | 749 − 227 = 522 | 658 − 217 = 441 | 536 − 201 = 335 | 397 − 206 = 191 |
| 869 − 501 = 368 | 138 − 120 = 18 | 149 − 28 = 121 | 259 − 215 = 44 | 975 − 453 = 522 | 897 − 150 = 747 | Nombre de bonnes réponses ___ /20 |

**79**

**Mini test 5 - Les soustractions à 3 chiffres sans regroupement**

| | | | | | | |
|---|---|---|---|---|---|---|
| 560 − 150 = 410 | 448 − 316 = 132 | 849 − 518 = 331 | 920 − 220 = 700 | 557 − 315 = 242 | 869 − 157 = 712 | 997 − 690 = 307 |
| 763 − 412 = 351 | 766 − 242 = 524 | 682 − 351 = 331 | 298 − 142 = 156 | 865 − 244 = 621 | 668 − 527 = 141 | 743 − 612 = 131 |
| 794 − 330 = 464 | 853 − 441 = 412 | 468 − 238 = 230 | 989 − 178 = 811 | 568 − 533 = 35 | 975 − 432 = 543 | Nombre de bonnes réponses ___ /20 |

**Mini test 6 - Les soustractions à 3 chiffres sans regroupement**

| | | | | | | |
|---|---|---|---|---|---|---|
| 536 − 21 = 515 | 645 − 645 = 0 | 454 − 340 = 114 | 387 − 174 = 213 | 996 − 583 = 413 | 853 − 451 = 402 | 756 − 145 = 611 |
| 934 − 131 = 803 | 857 − 234 = 623 | 741 − 311 = 430 | 639 − 412 = 227 | 522 − 210 = 312 | 369 − 300 = 69 | 871 − 221 = 650 |
| 896 − 131 = 765 | 745 − 222 = 523 | 687 − 381 = 306 | 577 − 143 = 434 | 389 − 144 = 245 | 556 − 402 = 154 | Nombre de bonnes réponses ___ /20 |

**80**

**Mini test 7 - Les soustractions à 3 chiffres sans regroupement**

| | | | | | | |
|---|---|---|---|---|---|---|
| 471 − 220 = 251 | 569 − 137 = 432 | 758 − 425 = 333 | 948 − 816 = 132 | 345 − 231 = 114 | 297 − 150 = 147 | 189 − 149 = 40 |
| 528 − 410 = 118 | 637 − 123 = 514 | 889 − 674 = 215 | 966 − 515 = 451 | 358 − 134 = 224 | 297 − 201 = 96 | 668 − 345 = 323 |
| 793 − 560 = 233 | 854 − 242 = 612 | 438 − 124 = 314 | 579 − 263 = 316 | 999 − 140 = 859 | 681 − 560 = 121 | Nombre de bonnes réponses ___ /20 |

**Mini test 8 - Les soustractions à 3 chiffres sans regroupement**

| | | | | | | |
|---|---|---|---|---|---|---|
| 856 − 221 = 635 | 365 − 264 = 101 | 544 − 330 = 214 | 637 − 424 = 213 | 796 − 253 = 543 | 983 − 941 = 42 | 872 − 110 = 762 |
| 494 − 431 = 63 | 579 − 247 = 332 | 152 − 110 = 42 | 769 − 551 = 218 | 688 − 142 = 546 | 979 − 718 = 261 | 487 − 262 = 225 |
| 896 − 574 = 322 | 359 − 125 = 234 | 668 − 633 = 35 | 943 − 310 = 633 | 765 − 320 = 445 | 839 − 112 = 727 | Nombre de bonnes réponses ___ /20 |

**81**

**Mini test 9 - Les soustractions à 3 chiffres sans regroupement**

| | | | | | | |
|---|---|---|---|---|---|---|
| 489 − 260 = 229 | 797 − 373 = 424 | 568 − 427 = 141 | 348 − 238 = 110 | 835 − 513 = 322 | 697 − 521 = 176 | 989 − 661 = 328 |
| 176 − 153 = 23 | 258 − 105 = 153 | 587 − 134 = 453 | 368 − 314 = 54 | 956 − 423 = 533 | 894 − 321 = 573 | 678 − 322 = 356 |
| 968 − 354 = 614 | 756 − 132 = 624 | 935 − 524 = 411 | 267 − 226 = 41 | 995 − 840 = 155 | 682 − 410 = 272 | Nombre de bonnes réponses ___ /20 |

**Mini test 10 - Les soustractions à 3 chiffres sans regroupement**

| | | | | | | |
|---|---|---|---|---|---|---|
| 649 − 311 = 338 | 584 − 242 = 342 | 868 − 120 = 748 | 337 − 24 = 313 | 458 − 322 = 136 | 968 − 245 = 723 | 783 − 731 = 52 |
| 156 − 125 = 31 | 679 − 550 = 129 | 868 − 655 = 213 | 989 − 451 = 538 | 772 − 351 = 421 | 568 − 413 = 155 | 499 − 463 = 36 |
| 337 − 216 = 121 | 269 − 165 = 104 | 198 − 138 = 60 | 667 − 407 = 260 | 845 − 324 = 521 | 938 − 212 = 726 | Nombre de bonnes réponses ___ /20 |

### Mini test 1 - Les soustractions à 3 chiffres avec regroupement

| | | | | | | |
|---|---|---|---|---|---|---|
| 770 | 636 | 555 | 843 | 354 | 261 | 427 |
| − 421 | − 396 | − 228 | − 418 | − 260 | − 157 | − 155 |
| 349 | 240 | 327 | 425 | 94 | 104 | 272 |
| 375 | 682 | 446 | 423 | 988 | 561 | 929 |
| − 247 | − 453 | − 283 | − 371 | − 393 | − 137 | − 858 |
| 128 | 229 | 163 | 52 | 595 | 424 | 71 |
| 557 | 821 | 770 | 466 | 361 | 535 | Nombre de bonnes réponses |
| − 473 | − 514 | − 141 | − 248 | − 252 | − 107 | |
| 84 | 307 | 629 | 218 | 109 | 428 | ___ /20 |

### Mini test 2 - Les soustractions à 3 chiffres avec regroupement

| | | | | | | |
|---|---|---|---|---|---|---|
| 727 | 754 | 454 | 831 | 593 | 916 | 860 |
| − 241 | − 294 | − 335 | − 370 | − 567 | − 493 | − 151 |
| 486 | 460 | 119 | 461 | 26 | 423 | 709 |
| 467 | 609 | 824 | 917 | 353 | 560 | 978 |
| − 385 | − 243 | − 184 | − 392 | − 193 | − 435 | − 409 |
| 82 | 366 | 640 | 525 | 160 | 125 | 569 |
| 904 | 415 | 773 | 883 | 421 | 676 | Nombre de bonnes réponses |
| − 454 | − 262 | − 581 | − 147 | − 371 | − 139 | |
| 450 | 153 | 192 | 736 | 50 | 537 | ___ /20 |

82

### Mini test 3 - Les soustractions à 3 chiffres avec regroupement

| | | | | | | |
|---|---|---|---|---|---|---|
| 964 | 781 | 555 | 475 | 224 | 855 | 931 |
| − 356 | − 391 | − 172 | − 248 | − 174 | − 593 | − 617 |
| 608 | 390 | 383 | 227 | 50 | 262 | 314 |
| 302 | 506 | 862 | 451 | 830 | 766 | 660 |
| − 152 | − 295 | − 437 | − 270 | − 111 | − 581 | − 223 |
| 150 | 211 | 425 | 181 | 719 | 185 | 437 |
| 842 | 419 | 503 | 436 | 680 | 946 | Nombre de bonnes réponses |
| − 533 | − 154 | − 261 | − 256 | − 312 | − 562 | |
| 309 | 265 | 242 | 180 | 368 | 384 | ___ /20 |

### Mini test 4 - Les soustractions à 3 chiffres avec regroupement

| | | | | | | |
|---|---|---|---|---|---|---|
| 744 | 642 | 605 | 804 | 971 | 603 | 707 |
| − 254 | − 105 | − 321 | − 262 | − 591 | − 412 | − 145 |
| 490 | 537 | 284 | 542 | 380 | 191 | 562 |
| 528 | 718 | 908 | 411 | 573 | 310 | 936 |
| − 345 | − 491 | − 622 | − 290 | − 128 | − 150 | − 576 |
| 183 | 227 | 286 | 121 | 445 | 160 | 360 |
| 214 | 359 | 883 | 554 | 731 | 906 | Nombre de bonnes réponses |
| − 191 | − 279 | − 691 | − 194 | − 303 | − 573 | |
| 23 | 80 | 192 | 360 | 428 | 333 | ___ /20 |

83

### Mini test 5 - Les soustractions à 3 chiffres avec regroupement

| | | | | | | |
|---|---|---|---|---|---|---|
| 507 | 432 | 894 | 934 | 572 | 641 | 957 |
| − 316 | − 316 | − 587 | − 28 | − 164 | − 505 | − 629 |
| 191 | 116 | 307 | 906 | 408 | 136 | 328 |
| 753 | 751 | 609 | 228 | 873 | 684 | 806 |
| − 591 | − 202 | − 589 | − 165 | − 14 | − 476 | − 423 |
| 162 | 549 | 20 | 63 | 859 | 208 | 383 |
| 947 | 381 | 545 | 796 | 852 | 690 | Nombre de bonnes réponses |
| − 881 | − 145 | − 327 | − 718 | − 329 | − 642 | |
| 66 | 236 | 218 | 78 | 523 | 48 | ___ /20 |

### Mini test 6 - Les soustractions à 3 chiffres avec regroupement

| | | | | | | |
|---|---|---|---|---|---|---|
| 544 | 612 | 460 | 324 | 968 | 863 | 719 |
| − 26 | − 604 | − 353 | − 217 | − 570 | − 416 | − 127 |
| 518 | 8 | 107 | 107 | 398 | 447 | 592 |
| 941 | 875 | 706 | 661 | 582 | 389 | 432 |
| − 134 | − 292 | − 325 | − 419 | − 268 | − 190 | − 251 |
| 807 | 583 | 381 | 242 | 314 | 199 | 181 |
| 853 | 715 | 687 | 515 | 374 | 980 | Nombre de bonnes réponses |
| − 109 | − 291 | − 329 | − 130 | − 245 | − 467 | |
| 744 | 424 | 358 | 385 | 129 | 513 | ___ /20 |

84

### Mini test 7- Les soustractions à 3 chiffres avec regroupement

| | | | | | | |
|---|---|---|---|---|---|---|
| 546 | 858 | 667 | 347 | 391 | 559 | 423 |
| − 273 | − 219 | − 381 | − 164 | − 329 | − 470 | − 119 |
| 273 | 639 | 286 | 183 | 62 | 89 | 304 |
| 858 | 290 | 809 | 525 | 447 | 676 | 817 |
| − 519 | − 178 | − 616 | − 306 | − 297 | − 228 | − 209 |
| 339 | 112 | 193 | 219 | 150 | 448 | 608 |
| 856 | 455 | 530 | 451 | 641 | 964 | Nombre de bonnes réponses |
| − 138 | − 219 | − 224 | − 404 | − 537 | − 655 | |
| 718 | 236 | 306 | 47 | 104 | 309 | ___ /20 |

### Mini test 8 - Les soustractions à 3 chiffres avec regroupement

| | | | | | | |
|---|---|---|---|---|---|---|
| 595 | 642 | 450 | 354 | 936 | 873 | 750 |
| − 36 | − 405 | − 314 | − 137 | − 243 | − 45 | − 122 |
| 559 | 237 | 136 | 217 | 693 | 828 | 628 |
| 912 | 697 | 520 | 618 | 538 | 768 | 862 |
| − 342 | − 229 | − 413 | − 597 | − 398 | − 139 | − 690 |
| 570 | 468 | 107 | 21 | 140 | 629 | 172 |
| 864 | 951 | 453 | 508 | 842 | 722 | Nombre de bonnes réponses |
| − 736 | − 291 | − 308 | − 138 | − 262 | − 119 | |
| 128 | 660 | 145 | 370 | 580 | 603 | ___ /20 |

85

### Mini test 9 - Les soustractions à 3 chiffres avec regroupement

| | | | | | | |
|---|---|---|---|---|---|---|
| 812 | 923 | 664 | 443 | 333 | 986 | 801 |
| − 681 | − 772 | − 284 | − 18 | − 125 | − 267 | − 191 |
| 131 | 151 | 380 | 425 | 208 | 719 | 610 |
| 735 | 518 | 847 | 629 | 537 | 914 | 797 |
| − 562 | − 488 | − 355 | − 180 | − 176 | − 544 | − 238 |
| 173 | 30 | 492 | 449 | 361 | 370 | 559 |
| 644 | 592 | 348 | 656 | 905 | 806 | Nombre de bonnes réponses |
| − 427 | − 346 | − 154 | − 270 | − 455 | − 223 | |
| 217 | 246 | 194 | 386 | 450 | 583 | ___ /20 |

### Mini test 10 - Les soustractions à 3 chiffres avec regroupement

| | | | | | | |
|---|---|---|---|---|---|---|
| 451 | 822 | 609 | 364 | 542 | 655 | 871 |
| − 19 | − 404 | − 258 | − 237 | − 218 | − 429 | − 345 |
| 432 | 418 | 351 | 127 | 324 | 226 | 526 |
| 554 | 735 | 685 | 851 | 781 | 693 | 933 |
| − 262 | − 316 | − 568 | − 129 | − 362 | − 188 | − 616 |
| 292 | 419 | 117 | 722 | 419 | 505 | 317 |
| 936 | 865 | 708 | 865 | 564 | 492 | Nombre de bonnes réponses |
| − 417 | − 329 | − 538 | − 106 | − 245 | − 188 | |
| 519 | 536 | 170 | 759 | 319 | 304 | ___ /20 |

86


© Chalkboard Publishing

www.ingramcontent.com/pod-product-compliance
Lightning Source LLC
Chambersburg PA
CBHW081343090426
42737CB00017B/3274
*9781771055482*